La Vénus d'Ille

ÉTONNANTS•CLASSIQUES

MÉRIMÉE
La Vénus d'Ille

Présentation, chronologie et dossier
par Thierry Ozwald,
professeur de lettres

Notes du texte par Daniel Leuwers,
revues et complétées par Thierry Ozwald

Flammarion

**Du même auteur
dans la même collection**

Carmen
Mateo Falcone – Tamango

© Éditions Flammarion, 2009.
Édition revue, 2013.

ISBN : 978-2-0813-0817-6
ISSN : 1269-8822

SOMMAIRE

La Vénus d'Ille

■ Prosper Mérimée en 1853. Gravure d'après un dessin de Rochard.

PRÉSENTATION

Prosper Mérimée, inspecteur des Monuments historiques

« M. Prosper Mérimée attaché à la division des Beaux-Arts, en qualité d'inspecteur des Monuments historiques, va parcourir votre département. Je vous prie, monsieur le Préfet, de vouloir recommander M. Mérimée aux diverses autorités locales, afin de lui assurer les moyens de voir et d'examiner dans le plus grand détail tous les monuments qu'il devra étudier dans l'intérêt de l'art et de l'histoire et de lui faire ouvrir les bibliothèques, archives et dépôts en tout genre. » C'est en ces termes que, le 29 juillet 1834, Thiers, alors ministre de l'Intérieur, notifie aux préfets de France la mission qu'il attribue à celui qu'il a nommé le 27 mai inspecteur général des Monuments historiques – le jeune Prosper Mérimée, âgé de trente et un ans –, sans se douter que sa décision sera indirectement à l'origine d'un des chefs-d'œuvre de la nouvelle fantastique : *La Vénus d'Ille*.

C'est pour Prosper Mérimée un événement considérable, même s'il n'en mesure pas d'emblée toute la portée ; son existence s'en trouvera complètement transformée. En effet, pendant seize ans, il arpentera les routes et chemins d'une France parfois lointaine, parfois sauvage, ira reconnaître des sites, inventorier des monuments, examiner des ruines, sauvegarder des chefs-d'œuvre, batailler avec les autorités locales, débusquer des merveilles englouties sous les décombres de l'Histoire, inlassablement, avec un dévouement total et dans des conditions le plus souvent très inconfortables, dormant peu, mangeant mal et s'échinant, littéralement, dans des chaises de poste rudimentaires[1]. En 1834, le Mérimée fringant[2], oisif, familier des salons, déjà très en vue car auteur d'écrits remarqués (le *Théâtre de Clara Gazul*, 1825, *La Guzla*, 1827, *La Chronique du règne de Charles IX*, *Mateo Falcone*, *Tamango* et *L'Enlèvement de la redoute*, 1829, etc.) a définitivement vécu : le jeune élégant insouciant et libertin[3] n'est plus. Certes, son goût pour la fantaisie, les arts, son anticonformisme[4], son mépris pour les esprits médiocres qui ont, sous le régime d'alors – la monarchie de Juillet –, trahi et détourné les aspirations profondes de la France révolutionnaire[5], resteront intacts, mais désormais il assumera de lourdes responsabilités administratives. Il prend sa charge très au sérieux, et se jette corps et âme dans une entreprise qui, dès l'abord, le frappe par l'importance décisive qu'elle revêt : il est saisi par l'ampleur de la tâche à accomplir et par l'urgence des travaux de restauration[6] à programmer. Le tableau de la France d'après 1789 et ses suites, ruinée et dévastée par le vandalisme révolutionnaire, l'atterre et décide de sa « vocation », de sa « mission »[7]. Il faut à tout prix – se persuade-t-il dans un élan généreux – sauver ce qui peut l'être, rétablir le lien avec le passé d'une nation qui, dans

---

1. Qu'il appelle des « tape-culs » (dans une lettre à H. Royer-Collard, 15 août 1834). Ce sont des attelages qui assurent à l'époque les liaisons routières en province.

2. *Fringant* : vif, à la mise élégante et à l'humeur joyeuse.

3. *Libertin* : qui aime les plaisirs de la chair.

4. *Anticonformisme* : façon d'être et de penser qui s'oppose aux normes, aux règles établies.

5. Voir chronologie, p. 29.

6. *Restauration* : remise en état.

7. « Je ferai de mon mieux pour plaider la cause de l'art et du goût » (dans une lettre à Eusèbe Castaigne, 6 juillet 1834).

sa folie destructrice, en est venue à se nier elle-même ; il faut lui restituer sans tarder son patrimoine architectural, et avant tout religieux.

Le spectacle qui s'offre à Mérimée est des plus déroutants : en Anjou, l'abbaye de Fontevraud a été transformée en prison ; à Paris, celle de Cluny est entièrement détruite[1] (ses pierres millénaires[2] alimenteront les chantiers locaux pendant cinquante ans), les flèches de la Sainte-Chapelle[3] et de la cathédrale Notre-Dame sont jetées à terre, les rois de Juda[4] ornant la façade de cet édifice sont pris pour des rois de France et, à ce titre, arrachés avec des nœuds coulants et empilés sous les latrines[5]. À Dijon, un apothicaire[6] détruit consciencieusement, jour après jour, chacune des têtes qui font la beaute saisissante du portail Notre-Dame, à Poitiers, on a « empâté sous cinq ou six couches de blanc » les chapiteaux gothiques de l'église Saint-Hilaire-le-Grand, remarquables par leur travail. L'église de l'abbaye de Charroux (dans le Poitou) a été vendue en « bien national »[7] et se trouve coupée en deux : elle est pour moitié un café destiné aux marchands et pour moitié un pensionnat de jeunes filles ; le magnifique bas-relief[8] – dit « statue du Bon Sauveur », figure du Christ – qui appartenait à la tour de l'édifice est « expos[é] aux injures de l'air et aux outrages des enfants » (lettre à Guizot, 31 octobre 1835). À Villeneuve-lès-Avignon, le tombeau du pape Innocent VI, chef-d'œuvre de

---

1. On peut s'en faire une très vague idée en arpentant aujourd'hui le boulevard Saint-Michel.
2. *Millénaires* : datant de plus de mille ans.
3. *Sainte-Chapelle* : chapelle édifiée sur l'île de la Cité à Paris entre 1242 et 1248, à la demande du roi Louis IX.
4. Personnages bibliques.
5. *Latrines* : lieux d'aisances, toilettes.
6. *Apothicaire* : sorte de droguiste, de pharmacien de l'époque.
7. C'est-à-dire saisie par l'État.
8. *Bas-relief* : sculpture dont les formes sont reliées à un fond et s'en détachent faiblement.

l'art médiéval, «aux colonnettes si fragiles», «aux feuillages si légers», gît au fond du débarras d'un vigneron, miraculeusement conservé, bien que sa partie inférieure ait été défoncée pour servir d'armoire, et les statues d'albâtre qui le décoraient «vendues une à une»...

Face à ce pillage et à cette barbarie qui efface tous les signes visibles de civilisation et prépare, pense-t-il, un avenir terriblement inquiétant, Mérimée est pris d'épouvante et de révolte. Une sorte d'instinct de conservation lui dicte dès lors sa conduite : jusqu'en 1853, année de sa nomination au rang honorifique de sénateur par Napoléon III, il s'emploiera à mener à bien son œuvre réparatrice et à jeter les bases d'une véritable politique *officielle* de restauration. Encore poursuivra-t-il à titre gracieux[1] son action au-delà de cette date, tant elle lui tient à cœur.

Les années de formation

Effectuons un petit retour en arrière : pourtant, rien ne laissait supposer que Mérimée serait un jour appelé à jouer ce rôle. Qui était-il au juste avant d'être nommé inspecteur général des Monuments historiques ? Un brillant et bouillonnant « noceur[2] » issu d'une famille confortablement installée dans l'actuel quartier Saint-Germain de Paris – son père était professeur de dessin à l'École polytechnique.

Fils unique, le jeune Prosper vit chez ses parents, jouit d'une grande liberté et se montre volontiers paresseux. Après des études secondaires au lycée Napoléon (l'actuel collège Henri-IV) où il excelle en latin, il s'inscrit le 2 novembre 1819 à la Sorbonne

1. *À titre gracieux* : bénévolement.
2. *Noceur* : fêtard.

pour y suivre, comme Balzac et bien d'autres, des études de droit. Il obtient sa licence quatre ans plus tard, à l'âge de vingt ans, ayant complété lui-même sa formation intellectuelle dans de nombreux domaines et avec un appétit de connaissance qu'il ne perdra jamais : il se passionne pour l'étude des systèmes linguistiques[1], des épigraphes[2], apprend le grec et l'espagnol notamment, et se laisse emporter par le souffle romantique qui, dans les années 1820, agite Paris. C'est l'époque où l'auteur anglais Byron – l'une des grandes figures du romantisme britannique – est introduit en France. Mérimée, qui parle couramment l'anglais, se lance dans la traduction des textes – alors portés aux nues – d'un mystérieux poète écossais du IIIe siècle nommé Ossian, s'adonne à un théâtre un peu débridé (le *Théâtre de Clara Gazul* réunit des drames en prose qui ne respectent pas la règle des trois unités – de temps, de lieu et d'action – voulue par le théâtre classique) et fréquente des salons mondains où il rencontre l'écrivain Stendhal, qui l'emmène à l'Opéra. Là défilent toutes sortes d'intellectuels : Jean-Jacques Ampère, Maine de Biran, Benjamin Constant, Alexandre Tourgueniev... Dans ces années, Mérimée se livre à plusieurs supercheries : outre le recueil intitulé *Théâtre de Clara Gazul* (1825), qu'il attribue à une comédienne espagnole imaginaire (nommée Clara Gazul, précisément) dont il se prétend le simple traducteur, il publie *La Guzla* (1827). L'ouvrage se présente comme un étrange recueil de poésies inconnues que Mérimée dit transposer du slave. Il n'en est rien en vérité – Mérimée en est bien l'auteur – mais l'ouvrage connaît un succès tel qu'il est traduit par l'écrivain Pouchkine ! Enfin, Mérimée participe aussi à la bataille d'*Hernani* : la représentation de ce drame romantique de Victor Hugo (1830) donne lieu à un véritable affrontement entre « classiques », qui défendent une hiérarchie stricte entre les

1. *Linguistiques* : relatifs aux langues.
2. *Épigraphes* : ici, inscriptions sur les monuments.

genres théâtraux, et «romantiques», qui veulent révolutionner l'art dramatique.

C'est dans ce contexte mouvementé que le jeune Mérimée vit ses premières amours. De mœurs délibérément dissolues[1] et toujours prêt, comme ceux de sa génération, pour une «délicieuse partie de filles», il n'en cherche pas moins à nouer des liens plus sérieux et satisfaisants, mais ses amours sont d'abord bien malheureuses.

L'une des premières femmes marquantes de sa vie est Émilie Lacoste, dont il fait la connaissance en 1827 dans un salon parisien et qui devient sa maîtresse. La liaison amoureuse cependant tourne court et s'achève sur une note tragi-comique : l'amant et le mari trompé s'affrontent en duel. Dans un élan de générosité, Mérimée renonce à jouer sa partie et à faire usage de son arme, de sorte qu'il est blessé. L'issue de cette histoire est néanmoins surprenante : le mari quitte bientôt sa femme, laquelle de son côté se débarrasse de l'amant malheureux...

En 1828, Stendhal, proche de Mérimée, évoque dans sa correspondance une autre jeune femme chère au cœur de son ami : Mélanie Double, fille du docteur François Joseph Double dont l'appartement est situé rue des Petits-Augustins, très près du domicile des Mérimée. Âgée de dix-huit ans à l'époque, Mélanie devient l'objet d'un amour passionné mais, lui aussi, voué à l'échec : la jeune femme estime insuffisantes les qualités de ce prétendant et, en 1832, lui préfère un parti plus avantageux, le riche avocat Athénodore Collin.

---

1. *De mœurs [...] dissolues* : débauché.

Le voyage en Espagne et les dessous d'une nomination

En 1830, après la publication de sa *Chronique du règne de Charles IX*, Prosper Mérimée effectue un voyage en Espagne qui constitue à la fois un moment de grâce (il tombe sous le charme de ce pays, visité jusqu'en Andalousie, se constitue un réseau d'amis précieux, fait toutes sortes de rencontres importantes, dont celle d'Eugénie de Montijo, future épouse de Napoléon III et, par conséquent, future impératrice des Français) et une rupture avec la vie qu'il menait jusque-là.

À son retour, il n'est plus tout à fait le même homme : il tire un trait sur ses idylles malheureuses ; avec la divertissante Céline Cayot, figurante au théâtre des Variétés, il noue une liaison durable et relativement sérieuse ; avec Jenny Dacquin, une mystérieuse inconnue, il entretient quelque temps une correspondance suivie, sans que la jeune femme dévoile son identité ; avec George Sand[1], il a une aventure d'un soir dont l'un et l'autre garderont un souvenir amer. Enfin et surtout, Valentine Delessert, l'épouse du futur préfet de police Delessert, devient, en 1836, sa maîtresse attitrée, son grand amour aussi pendant presque vingt ans. En dépit de ces « conquêtes », Mérimée, après l'âge de trente ans, connaît une période fortement « dépressive », voire mélancolique. En 1832, la mort de son ami Victor Jacquemont emporté par le choléra à trente-deux ans l'affecte considérablement.

---

1. *George Sand* : romancière française (1804-1876), auteur, entre autres, de *La Mare au diable* (1846).

Lorsqu'il rentre d'Espagne, la situation politique nouvelle – la révolution de 1830[1] et les journées de Juillet qui ont installé sur le trône un nouveau roi, Louis-Philippe – tout comme ses amours jusque-là déçues l'incitent à prendre un parti raisonnable et à organiser sa vie avec plus de discernement. Après ses premiers succès littéraires, Mérimée écrit moins même si ses textes témoignent toujours d'une grande exigence : *Les Lettres d'Espagne* et *La Double Méprise* paraissent en 1833, *Les Âmes du Purgatoire* en 1834 (à chaque fois, ces nouvelles se ressentent du voyage initiatique[2] de 1830), *La Vénus d'Ille* en 1837, *Colomba* en 1840... Si la littérature continue de beaucoup compter pour Mérimée – lecteur impénitent[3] et érudit pétri de culture –, ce dernier sait qu'il n'est guère possible – à son époque moins qu'à une autre sans doute – de vivre décemment et librement de l'amour de la littérature. Dès lors, il entreprend de s'occuper de son installation matérielle, de ses ressources et de sa place dans cette société française si décevante à ses yeux, suivant ainsi les recommandations insistantes de son père. Il accepte d'entrer, grâce aux appuis de ce dernier, dans l'administration.

Commence alors un véritable roman d'intrigues, où tournoie tout un monde politique. Le comte d'Argout, cousin de Mareste (ami proche de Mérimée), est nommé en février 1831 ministre de la Marine. Son chef de cabinet sera... Mérimée ! Stupeur dans l'opinion : depuis quand les littérateurs prétendent-ils s'y connaître en navigation et affaires maritimes ? On répare la maladresse : en mars 1831, d'Argout passe de la Marine au Commerce (ainsi

---

1. En 1830, le régime né de la Restauration, qui a vu, après la fin de l'Empire, se succéder sur le trône de France les rois Louis XVIII et Charles X, est renversé et remplacé, au terme d'une assez longue période d'agitation populaire, par la monarchie de Juillet.

2. *Voyage initiatique* : voyage qui lui a permis de grandir, de s'affirmer davantage, de se réaliser.

3. *Lecteur impénitent* : personne qui lit sans relâche.

qu'aux Travaux publics), ministère auquel est rattachée la division des Beaux-Arts, dont dépend Mérimée. Dans ce cadre, celui-ci est nommé commissaire spécial pour l'exécution des mesures sanitaires prises contre l'épidémie de choléra qui sévit à Paris... En octobre 1832, le remaniement ministériel qui voit Thiers devenir ministre de l'Intérieur et Guizot ministre de l'Instruction publique, n'apporte pas de changement notable à la situation de Mérimée, si ce n'est que le directeur de la division des Beaux-Arts, promu secrétaire général de l'Intérieur, lui laisse l'intérim[1]. Thiers lui propose le poste; mais notre auteur, qui n'a que peu d'estime ou de goût pour cet homme et tient à rester libre de ses choix, refuse. Deux mois plus tard, un nouveau rebondissement intervient : le 31 décembre, Thiers et d'Argout échangent leurs ministères respectifs; Mérimée persiste et signe : il suit son mentor[2] à l'Intérieur; il aura dorénavant en charge l'administration des lignes télégraphiques, des sapeurs-pompiers, de la garde municipale.

Le coup décisif intervient deux ans plus tard : en avril 1834, d'Argout est nommé gouverneur de la Banque de France et Thiers revient à l'Intérieur. Mérimée, qui reste fidèle à sa ligne de conduite, s'attend à être remercié, satisfait de retrouver sa pleine et entière liberté. Mais son étoile ne le trahit pas : Thiers lui fait une nouvelle proposition; cette fois, Mérimée accepte; le voilà promu inspecteur des Monuments historiques, une expérience dans laquelle il puise pour écrire *La Vénus d'Ille*.

---

1. Mérimée occupe le poste en attendant que quelqu'un d'autre y soit nommé.
2. *Mentor* : maître, conseiller.

Pourquoi *La Vénus d'Ille* ?

La critique s'est penchée attentivement sur la question des sources de *La Vénus d'Ille*.

On a pu invoquer une légende très en vogue en ces années ultraromantiques. Par exemple, l'opéra-comique d'Hérold, *Zampa ou la Fiancée de marbre*, représenté le 13 mai 1831, mettait à l'honneur le thème de la « femme-statue ». Mais, de l'aveu de Mérimée, la nouvelle s'inspire tout à la fois d'une légende du Moyen Âge et d'une histoire issue du *Menteur* de l'auteur grec Lucien (v. 120-180) – celle de la statue d'un général qui, la nuit, descendait de son socle et s'employait à se venger des injures essuyées le jour. On a pu supposer que Mérimée avait pris connaissance d'une légende rapportée dans l'*Histoire de Grégoire VII*, due à Villemain, écrivain et homme politique, qui était, semble-t-il, sur le point de terminer son récit historique en 1834 mais ne réussit pas à le publier[1] : le texte comporte l'histoire d'un certain Roger, très riche seigneur dont les mésaventures sont proches de celles d'Alphonse de Peyrehorade, à ceci près qu'il ne périt pas et que longtemps vient se glisser entre lui et son épouse le fantôme de l'autre femme.

Toutes ces sources plus ou moins avouées, plus ou moins manifestes, qui permettent de se faire une idée plus précise du contexte culturel de l'époque à laquelle fut écrite la nouvelle, sont à prendre en considération ; on ne saurait toutefois omettre de mentionner l'expérience individuelle de Mérimée, où il puise les matériaux de son récit, et qui lui donne l'occasion de concrétiser en 1834 un projet confusément entrevu jusque-là : un voyage dans le sud de la France.

En effet, à peine installé à son poste (sa nomination date du 27 mai 1834), Mérimée entreprend un vaste périple de six mois, du

---

1. La publication en sera posthume, en 1873.

31 juillet au 14 décembre, qui le mène au Vézelay (8 août), à Avallon, ville natale de sa mère, Mâcon, Lyon (30 août), Avignon (du 7 au 15 septembre), Aix, Toulon, Arles (24 octobre), Montpellier (6 novembre), Narbonne (9 novembre), Perpignan (12 novembre), endroit à partir duquel il se dirige vers Elne, Céret, Coustouges, Serrabone, puis Carcassonne, Toulouse, Albi, dernières étapes avant son retour. C'est dire s'il prend à cœur la tâche qui lui est assignée ; de ce point de vue, il est passionnant de parcourir sa correspondance et de le suivre dans ses pérégrinations vers le sud, au fil de cette première exploration : il apprend le métier, il prend la mesure aussi de l'œuvre considérable à accomplir, enfin, il se pose en témoin privilégié d'une France orpheline de son passé et qui travaille dorénavant – du moins le ressent-il ainsi – à sa propre ruine... À n'en pas douter, c'est dans ses lettres que l'on voit naître puis germer dans son esprit l'idée de *La Vénus d'Ille* et prendre corps certains personnages, à la faveur de telle ou telle rencontre, telle ou telle confrontation pittoresque.

C'est ainsi que, durant son séjour dans le Roussillon, il a l'occasion de visiter Ille-sur-Têt, Boulternère, le prieuré de Serrabone, de cheminer le long des flancs du Canigou, qui serviront de cadre à sa nouvelle :

> J'irai revoir votre beau Canigou, écrit-il à Jaubert de Passa le 6 mars 1836, qui, je l'espère, sera moins brumeux que la dernière fois que nous lui rendîmes visite. Vous souvient-il de la douce rosée qui nous reconduisit de Boule [Boulternère] à cette auberge d'Ille où il y a tant de jolies Catalanes ?

Précisons que Jaubert de Passa, ancien préfet de Perpignan et représentant du comité historique des Arts et Monuments pour cette région, a accompagné l'inspecteur dans ses excursions et qu'il a probablement servi de modèle au personnage de M. de Peyrehorade.

Sans contrevenir au sérieux de ses intentions ni à la rigueur de son recensement, Mérimée ne manque jamais d'associer étroitement les femmes à ses investigations : pour lui, semble-t-il, point de beauté architecturale, point de civilisation, point d'Art en général sans art d'aimer... De fait, la moindre équipée un tant soit peu aventureuse s'accompagne d'une rêverie amoureuse, tout voyage est sentimental, tout récit de voyage revêt nécessairement une dimension érotique. Au fil de cette tournée archéologique, la femme qui occupe les pensées de ce chevalier errant d'un nouveau type est vraisemblablement Jenny Dacquin (voir *supra*), à laquelle Mérimée adresse de longues lettres langoureuses et dont il se prend, tel un écolier, à graver le prénom sur les fontaines... Les « jolies Catalanes » mentionnées ci-dessus évoquent bien sûr l'épouse d'un soir d'Alphonse de Peyrehorade, la malheureuse Mlle de Puygarrig.

À Port-Vendres (étymologiquement *Portus Veneris*, c'est-à-dire « port de Vénus »), Mérimée a, par ailleurs, pu examiner une Vénus pyrénéenne dont les marins, dans l'Antiquité, avaient coutume de saluer le temple. Quelque temps auparavant, à Sainte-Colombe, près de Vienne, il est pris de saisissement, devant une singulière statue de Vénus, et l'écrit à Jenny Dacquin (9 septembre 1834) :

> J'ai vu [...], il y a quelques jours, une statue antique qui a bouleversé toutes mes idées sur la statuaire[1] romaine. J'avais toujours vu le beau idéal de convention intervenir dans l'imitation de la nature[2]. Là, c'est tout différent. Cette statue représente une grosse maman bien grasse, avec une gorge[3] énorme un peu pendante et des plis de graisse le long des côtes, comme Rubens[4] en donnait à ses nymphes[5].

---

1. *Statuaire* : domaine de la sculpture plus particulièrement consacré aux statues, à la représentation d'êtres animés.
2. *Le beau idéal de convention intervenir dans l'imitation de la nature* : un idéal de beauté classique travestir la représentation de la réalité.
3. *Gorge* : poitrine.
4. *Pierre Paul Rubens* : peintre baroque flamand (1577-1640) qui excella dans les sujets d'inspiration historique ou mythologique, mais aussi dans les portraits.
5. *Nymphes* : dans la mythologie grecque, divinités féminines de la nature, d'une grande beauté, habitant les forêts, les monts, le bord des rivières, etc.

Tout cela est copié avec une fidélité surprenante à voir. Qu'en disent Messieurs de l'Académie[1] ?

La remarque (ou la confidence) est capitale : et si, derrière la figure de la beauté parfaite matérialisée par la statue de bronze dans *La Vénus d'Ille* – derrière ces contours on ne peut plus « suaves », ni plus « voluptueux », cette draperie on ne peut plus « élégante » ni plus « noble » (p. 53) –, se laissait entrevoir l'autre versant de la déesse aux deux visages : une *genitrix* épouvantable, une sorte de mère monstrueuse[2] ? On serait d'autant plus porté à le croire que, dans la nouvelle, la propre mère d'Alphonse nous est présentée comme « un peu trop grasse » elle aussi, « comme la plupart des Catalanes lorsqu'elles ont passé quarante ans » (p. 45).

La figure de l'imposteur ou du charlatan, centrale dans le texte, est due elle aussi à la succession de fats qui prétendent orienter ou renseigner – et exaspèrent en réalité – le nouvel inspecteur : tel ce Pierre Puiggari[3], aigri et jaloux, qui aura la dent très dure à l'égard de Mérimée à la publication de ses *Notes d'un voyage dans le midi de la France* (1835) ; tel ce M. Lebas, prétendu connaisseur en matière d'inscriptions et d'épigraphie, qu'il affuble du surnom *Cornelius Bassus Bassus*. La figure du faux savant – qui remonte à la Bible, dont on trouve trace chez Walter Scott (voir *L'Antiquaire*) ou sous une forme burlesque chez Molière, et à laquelle redonnent vie ensuite Mérimée, dans une autre nouvelle, *Lokis*[4], mais aussi Flaubert (*Bouvard et*

---

1. Cette statue se trouve depuis 1879, au musée du Louvre. Mérimée, en évoquant l'Académie, fait allusion aux représentants du bon goût de l'époque.
2. Dans les arts, Vénus est représentée sous divers aspects : on privilégie tantôt la séductrice, l'amoureuse, la jalouse, tantôt la *genitrix* (« mère »), tantôt celle qui est née de l'onde.
3. On notera la proximité de ce nom avec le nom de jeune fille de la mariée, dans la nouvelle.
4. À cette occasion, il rencontre deux savants, nommés respectivement Wittenbach et Lamm ; le premier donnera son nom – à une lettre près – à l'un des personnages de cette nouvelle tardive.

Pécuchet) et, plus tard, Gide (*Les Caves du Vatican*) et Pierre Benoit (*L'Atlantide*) –, est le reflet des démêlés de l'auteur avec les cuistres[1] de tous bords. Elle traduit également sa hantise d'en être, c'est-à-dire de tomber dans le péché de vanité, dans la tentation du pouvoir et de la doctrine. Mérimée se méfie d'abord de lui-même ; on le devine dans chacune de ses anecdotes un peu narquoises : il s'agit pour lui de ne pas s'infatuer[2] de sa fonction.

Son ami F. de Saulcy raconte que Mérimée, en bon farceur, s'amusait à inscrire au canif sur des débris de poterie de fausses inscriptions latines et à les disposer dans les champs destinés à être moissonnés. Ce qui n'empêchait pas Mérimée, dans une lettre à ce même F. de Saulcy, de mentionner, sur le mode gentiment sarcastique, qu'on lui avait parlé de « découvertes [à Trèves] intéressantes en poteries romaines », évoquant deux érudits allemands qu'il avait cherché à tromper !

Il convient d'ajouter que, au cours de ce voyage, Mérimée s'ennuie fort et qu'il est bien souvent gagné par la mélancolie. Par exemple, à Perpignan, il se plaint de ne pas trouver de femmes à sa convenance ; le pont a été emporté, il pleut à seaux, les routes sont impraticables (point n'est besoin de signaler l'état déplorable des routes et voies diverses à l'époque) ; la ville est encombrée de « coyons[3] espagnols » qui fuient le choléra, il n'y a point de chambre... Bref, il va, selon ses dires, « de catastrophe en catastrophe », craignant en outre « d'être dégommé[4], d'être cocu, de n'être pas payé de [ses] frais de route ». Sans doute, à supposer qu'il ait alors pris des notes, esquissé un canevas ou qu'il se soit simplement rappelé les conditions psychologiques dans lesquelles s'était effectué ce premier voyage, *La Vénus d'Ille* a-t-elle conservé quelques traces de cette mélancolie dont était empreint

---

1. *Cuistres* : prétentieux, vaniteux.
2. *S'infatuer* : se prendre au sérieux.
3. *Coyons* : couillons (patois).
4. Un remaniement ministériel intervient en novembre 1834.

l'auteur au moment de la conception de la nouvelle... D'ailleurs, même à Paris, le travail d'inspecteur des Monuments historiques n'est pas forcément une sinécure – ses comptes rendus sont des *pensums*[1] auxquels il lui faut s'atteler consciencieusement :

> Le travail dont je m'occupe aujourd'hui est ennuyeux comme la peste, et sur vingt personnes à peu près qui le liront, dix-sept y chercheront des erreurs pour les relever. [À Requien, son correspondant en Avignon, 6 mars 1835.]

Quant aux réunions du comité historique des Arts et Monuments, elles n'ont généralement pour lui rien de bien exaltant.

En somme, pour Mérimée, l'écriture de la nouvelle représente un divertissement des plus essentiels, une compensation en quelque sorte : la réalisation sous forme de fiction de tout ce dont il est frustré quand il est tout entier au service de sa cause nationale ; le fruit, l'aboutissement, sur le mode ironique, d'une méditation des plus sérieuses suscitée par son activité d'arpenteur du patrimoine.

D'une certaine façon, Mérimée n'agit qu'au nom d'une vérité, que l'action, l'engagement « sur le terrain » lui permettent précisément de découvrir progressivement, avec plus de netteté. Or de quoi *La Vénus d'Ille* traite-t-elle ? Quel en est le sujet réel ? Sous le propos apparemment badin[2] et le détachement d'une écriture enjouée, la satire du monde archéologique se double d'une étude morale du cœur humain, d'un questionnement sur l'amour en Occident : qu'est-ce que le mariage ? qu'est-ce qu'il n'est pas ? et sur quel socle religieux et quelle tradition historique s'appuie-t-il ? C'est, sur le mode implicite et sans chercher jamais à démontrer quoi que ce soit, en fuyant comme la peste la narration spectaculaire et animé d'une volonté constante de charmer son lecteur, ce type de problèmes que l'écrivain tend insensiblement à soulever.

---

1. *Pensums* : travaux pénibles et laborieux.
2. *Badin* : qui privilégie l'intrigue sentimentale.

Nouvelle et fantastique chez Mérimée

La forme narrative qui a spontanément la faveur de Mérimée est la nouvelle : le genre bref convient à son tempérament et correspond à sa conception d'un art elliptique[1] et subtil, à même d'exprimer ses thèmes favoris – tout à la fois la souffrance, le deuil, le renoncement, la déception, l'angoisse et la passion, l'exotisme, la secrète espérance. Les études qui lui sont consacrées[2] soulignent ce que ce genre à part entière, qui se constitue comme tel au XIXᵉ siècle et dont Mérimée est l'un des plus éminents représentants, a d'exigeant et de complexe, contrairement à certaines idées reçues.

Art du « retrait », du « non-dire », de la discrétion, de la retenue par excellence, fondée sur le refus du développement qui la fait s'apparenter pour certains à la miniature, la nouvelle réalise bien souvent la petite prouesse, ou le petit prodige, d'une narration « neutre », c'est-à-dire tendant à effacer autant que possible la présence du narrateur. Les maîtres du genre – Maupassant, Tchekhov, Zweig, James, Camus, etc. – sont précisément ceux qui s'adonnent avec le plus de talent et de virtuosité à ce type de narration, ceux qui confèrent à cette écriture « blanche » toute sa puissance suggestive.

Lorsqu'il découvre *La Vénus d'Ille*, Stendhal remarque immédiatement l'originalité de cette écriture, sans pour autant en apprécier le tour. Il note en marge d'un de ses manuscrits, *Le Rose et le Vert* (1837) :

---

1. *Elliptique* : qui va à l'essentiel, ne s'embarrasse pas de tous les détails.
2. Voir Daniel Grojnowski, *Lire la nouvelle*, Dunod, 1993, et Thierry Ozwald, *La Nouvelle*, Hachette, 1996.

[...] phrases horriblement courtes, [...] l'auteur tourne au sec [...], mais admirable attention aux petites choses [...]. 15 mai 37. Lu à minuit.

S'il perçoit ce qui fait l'une des caractéristiques du genre – la précision réaliste de certaines observations – et note que son ami est expert en la matière, il n'approuve ni ne comprend son goût de la brièveté. Pourtant, « la concision est le sel de l'esprit » : Mérimée adopte cette formule de l'auteur anglais Shakespeare, peut-être pour échapper à la grandiloquence[1] qu'il déteste au plus haut point, peut-être aussi pour parvenir au meilleur degré d'expressivité. Comme l'écrit si justement le critique Michel Crouzet, « la grandeur de Mérimée, était dans sa pauvreté[2] ».

Que pense Mérimée de sa nouvelle ? Dans sa correspondance, il évoque très vaguement la parution de *La Vénus d'Ille*. Il écrit ainsi à Requien le 30 mars 1837 :

Vous qui pratiquez si bien le sublime farniente[3], vous aurez, je l'espère, quelque indulgence pour un de vos imitateurs. [...] Vous aurez reçu de moi un gros volume [il s'agit des *Notes d'un voyage dans le midi de la France*] et d'ici à quelque temps je vous en enverrai un petit.

C'est à peine en l'occurrence si l'on peut deviner de quel ouvrage il est question : de son *Essai sur l'architecture religieuse* ou de *La Vénus d'Ille* ? Plus tard, à la relecture, il prendra conscience de la valeur de son texte et le jugera avec plus de lucidité, précisant dans une lettre à Mme de La Rochejaquelein[4] (18 février 1857) :

[C'est] une histoire de revenants que j'ai faite et qui s'appelle *La Vénus d'Ille*. C'est, suivant moi, mon chef-d'œuvre.

---

1. *Grandiloquence* : façon de parler basée sur l'exagération.
2. *Mérimée-Stendhal : roman, nouvelle*, Euredit, 2008.
3. *Farniente* : désœuvrement, oisiveté.
4. *Mme de La Rochejaquelein* : marquise appartenant à une grande et illustre famille royaliste de Vendée (1772-1857).

Comme on peut le voir, Mérimée n'occulte[1] nullement la dimension *fantastique* de sa nouvelle et la tient même pour un facteur essentiel de sa réussite. De fait, il amorce dans sa correspondance toute une réflexion sur cette question et témoigne de la prédilection du genre de la nouvelle pour la modalité ou le registre fantastique ; les deux sont intimement liés et prennent vie pour ainsi dire au même moment, c'est-à-dire à peu près au XIXe siècle.

Si elle existe déjà sous une forme embryonnaire[2] chez l'auteur latin Apulée, si on en sent les prémices aux XVIe et XVIIe siècles (chez Marguerite de Navarre, Sorel, Segrais), si elle est « prête à l'emploi » dès le XVIIIe siècle (chez Cervantès, chez Sade), la nouvelle ne se constitue en genre définitif et ne gagne ses lettres de noblesse qu'à l'époque romantique, outre-Rhin d'abord, entre 1810 et 1830. De même, avec Joël Malrieu[3], on peut faire remonter l'apparition du fantastique authentique aux années 1828-1829[4], date de la parution en France des *Contes* d'Hoffmann et de l'invention du vocable « fantastique » par le traducteur de ces contes, Loève-Veimars. Certes, à l'époque de la Révolution française, le genre du roman gothique ou roman noir anglais (dont les plus illustres représentants sont Matthew Gregory Lewis et Ann Radcliffe), par son ambiance nocturne et sa machinerie diabolique, préfigure les contes ou nouvelles d'Hoffmann, de Mérimée, de Pouchkine, de Gautier, de Maupassant, de Gogol, de Poe... mais ne peut, à proprement parler, être qualifié de « fantastique » au même titre que ces récits, dans la mesure où il ne décrit pas la même violence des sentiments ni la même monstruosité.

---

1. *N'occulte* : ne cache, ne dissimule.
2. *Embryonnaire* : non encore développée.
3. Dans sa synthèse *Le Fantastique*, Hachette, 1992.
4. Fait exception le remarquable *Diable amoureux* de Cazotte (1772), texte d'avant-garde à plus d'un titre.

Plus qu'un autre, le genre de la nouvelle semble se prêter au déploiement du fantastique : à la différence du conte qui, d'emblée, place son lecteur de plain-pied dans un monde imaginaire, la nouvelle plante un décor réaliste, renvoie d'office à une réalité familière parfaitement identifiable. Car pour être amené à douter de la réalité – comme nous y force le fantastique –, il faut d'abord que l'authenticité de cette dernière soit établie. Le fantastique naît du doute qui implique une remise en question de la réalité. Le lecteur s'interroge : le réel qui lui est donné à voir l'est-il vraiment ? N'est-il pas illusion d'optique, piège pour le regard, faux-semblant, réalité qui en cacherait une autre, etc. ? Le thème du double se profile alors, qui marque l'apparition du fantastique.

Mérimée fait donc doublement figure de précurseur : il apporte une manière de consécration au genre de la nouvelle et compose les premières nouvelles fantastiques de la littérature française dignes de ce nom ; et, pour un coup d'essai, la postérité s'accorde à dire que ce fut un coup de maître.

Les tentatives de définition du fantastique sont bien connues. On les rappellera sommairement. Pierre-Georges Castex dans *Le Conte fantastique en France de Nodier à Maupassant* (1951) distingue conte fantastique et conte de fées de la manière suivante :

> Le fantastique [...] se caractérise au contraire [de la féerie] par une intrusion brutale du mystère dans la vie réelle.

Tandis que le conte de fées présente un univers ouvertement différent du nôtre (espace, temps, et lois spécifiques), dans lequel les personnages ont des pouvoirs magiques et considèrent le surnaturel comme naturel, le conte fantastique introduit de façon soudaine l'étrange au cœur de l'univers familier et stable du lecteur. Dans la préface de son *Anthologie de la littérature fantastique* (1966), Roger Caillois reprend ces éléments en interrogeant la notion de « mystère » :

Le féerique est un univers merveilleux qui s'ajoute au monde réel sans lui porter atteinte ni en détruire la cohérence. Le fantastique au contraire, manifeste un scandale, une déchirure, une irruption insolite, presque insupportable dans le monde réel [...].

La fameuse définition énoncée par Tzvetan Todorov en 1970, selon laquelle la fantastique naît de «l'hésitation éprouvée par un être qui ne connaît que les lois naturelles, face à un événement en apparence surnaturel», se contente, sans réelle originalité, de reformuler la pensée de Caillois. Joël Malrieu[1], lui, procède à la synthèse de ces différentes approches :

Le récit fantastique repose en dernier ressort sur la confrontation d'un personnage isolé avec un phénomène, extérieur à lui ou non, surnaturel ou non, mais dont la présence ou l'intervention représente une contradiction profonde avec les cadres de pensée et de vie du personnage, au point de les bouleverser complètement et durablement.

D'autres approches pourraient encore être signalées, celle de Freud notamment dans *L'Inquiétante Étrangeté* (1919) – éclairante à bien des égards. On se contentera ici de rassembler les pierres que Mérimée apporte à l'édifice :

[...] lorsqu'on raconte quelque chose de surnaturel, on ne saurait trop multiplier les détails de réalité matérielle. [À Édouard Delessert, 1er février 1848.]

Ou encore :

Commencez par des portraits bien arrêtés de personnages bizarres, mais possibles, et donnez à leurs traits la réalité la plus minutieuse. Du bizarre au merveilleux la transition sera insensible, et le lecteur se trouvera en plein fantastique bien avant qu'il se soit aperçu que le monde réel est loin derrière lui. [Dans la *Revue des Deux Mondes*, sur Gogol, 1er novembre 1851.]

L'écriture de Mérimée sera décidément spirituelle, ou ne sera pas !

---

1. *Le Fantastique*, op. cit., p. 49.

CHRONOLOGIE

1803 1870
1803 1870

- ■ Repères historiques et culturels
- ■ Vie et œuvre de l'auteur

Repères historiques et culturels

1814   Abdication de Napoléon Ier, exilé sur l'île d'Elbe.
Fin de l'Empire.
Louis XVIII, frère de Louis XVI, accède au trône : première
restauration de la monarchie.

1815   De mars à juin : les Cent-Jours. Période pendant laquelle
Napoléon Ier tente de rétablir l'Empire.
Juin : défaite de Waterloo et exil définitif de Napoléon à
Sainte-Hélène.
Retour de Louis XVIII sur le trône : deuxième restauration
de la monarchie.

1824   Mort de Louis XVIII. Charles X, son frère, lui succède sur le
trône.

1825   Stendhal, *Racine et Shakespeare*.

1826   Vigny, *Cinq-Mars*.

1827   Hugo, *Préface de Cromwell*, manifeste du théâtre
romantique.

**1828-
1830**   Champollion conduit avec Rossellini une expédition
scientifique en Égypte.

1829   Début de la publication en français des *Œuvres complètes*
d'Hoffmann.

Vie et œuvre de l'auteur

1803   Naissance le 28 septembre à Paris dc Prosper Mérimée, au Carré Sainte-Geneviève, près du Panthéon. Le nouveau-né n'est probablement pas baptisé.

1812   Mérimée entre au lycée Napoléon (actuel collège Henri-IV).

1819   Inscription à la Sorbonne pour y suivre des études de droit.

1820   Mérimée traduit Ossian (voir présentation, p. 13) avec son ami Jean-Jacques Ampère.

1822   Première rencontre de Stendhal.

1823   Mérimée est exempté de service militaire pour «faiblesse de constitution». Il passe ses examens de droit et se lance sans succès dans l'écriture d'un roman.

1824   Il écrit quatre articles sur le théâtre espagnol, qui paraissent dans *Le Globe* – journal frondeur qui vient de voir le jour.

1825   27 mai : publication du *Théâtre de Clara Gazul*, qui comporte six pièces.

1826   Mérimée effectue deux voyages en Angleterre.

1827   Il rencontre Émilie Lacoste, une femme mariée qui devient sa maîtresse.
Il publie *La Guzla*, recueil anonyme de poésies illyriques[1] dont il est en réalité l'auteur.

1828   Mérimée se bat en duel avec Félix Lacoste, mari de sa maîtresse Émilie ; il est blessé.

1829   *Chronique du temps de Charles IX*,
Mateo Falcone, *Vision de Charles XI*, *L'Enlèvement de la redoute*, *Tamango*.

---

1. Illyriques : censées provenir des régions de la Serbie, de la Bosnie ou de la Croatie.

Repères historiques et culturels

1830   Insurrection des 27, 28 et 29 juillet, les «Trois Glorieuses», qui met fin au règne de Charles X. Louis-Philippe devient roi des Français : début de la monarchie de Juillet.
Première représentation d'*Hernani*, d'Hugo.

1831   Hugo, *Notre-Dame de Paris*.
Musset, *Contes d'Espagne et d'Italie*.
Delacroix, *La Liberté guidant le peuple*.

1832   Épidémie de choléra à Paris.

1833   Musset, *Les Caprices de Marianne*.
Pouchkine, *La Dame de pique*.

1834   Crise politique et monarchique en Espagne.
Musset, *Lorenzaccio*.
Balzac, *Le Père Goriot*.

1836   Musset, *La Confession d'un enfant du siècle*.
Gogol, *Le Nez*.

1837   En Angleterre, avènement de la reine Victoria.
Berlioz, *Requiem*.

1838   Hugo, *Ruy Blas*.

1839   Stendhal, *La Chartreuse de Parme*.

Vie et œuvre de l'auteur

1830 *Rondino, Le Vase étrusque, Les Mécontents, La Partie de trictrac.*
Du 27 juin au 10 décembre environ, Mérimée effectue un long voyage en Espagne qui le conduit notamment en Andalousie. Sur le chemin de Madrid, il fait la connaissance du comte de Teba, futur comte de Montijo ; puis de sa femme – dont il restera un fidèle ami – et de ses deux filles, dont Eugénie, la future impératrice des Français.

1831 Publication des deux premières *Lettres d'Espagne.*
Liaison avec Céline Cayot, qui fait ses débuts au théâtre des Variétés.
Début de la carrière politique de Mérimée.

1832 *Les Voleurs en Espagne* (troisième des *Lettres d'Espagne*).
À Boulogne-sur-Mer, il rencontre l'Inconnue (Jenny Dacquin) avec qui il avait entretenu jusque-là une mystérieuse correspondance.

1833 *Les Sorcières espagnoles*, quatrième des *Lettres d'Espagne.*
La Double Méprise, nouvelle étroitement liée à sa liaison avortée avec George Sand.

1834 **27 mai : Mérimée devient inspecteur des Monuments historiques.**
Première tournée dans le midi de la France.
Publication des *Âmes du Purgatoire.*

1835 Séjour en Angleterre puis dans l'ouest de la France.

1836 Mme Delessert, la femme du préfet d'Eure-et-Loir et futur préfet de police, devient sa maîtresse.
27 septembre : mort de son père. Mérimée vit avec sa mère jusqu'à la disparition de celle-ci en 1852.

1837 **15 mai : parution de *La Vénus d'Ille*.**
Grande tournée en Auvergne.

1838 Nouvelle tournée dans l'Ouest et le Sud-Ouest.

1839 Grande tournée archéologique, dans le Sud-Est et en Corse.
De Corse, il embarque pour l'Italie, où il rejoint Stendhal, à Civitavecchia. Avec lui, il visite Rome, Naples et Paestum ; un mois plus tard, il rentre à Paris en passant par Marseille. Il devient vice-président de la commission des Monuments historiques.

Repères historiques et culturels

1840   Poe, *Histoires extraordinaires*.
Viollet-le-Duc commence ses travaux de restauration
des monuments historiques.
Transfert des cendres de Napoléon aux Invalides.

1842   Mort de Stendhal.

1843   Visite de la reine Victoria en France.

1844   Guerre franco-marocaine.

1845   Dispersion des jésuites en France par accord du pape et du
gouvernement français.
Restauration de Notre-Dame par Viollet-le-Duc.

1847   Balzac, *Splendeurs et Misères des courtisanes*.

1848   Insurrection des 22, 23 et 24 février qui met fin à la
monarchie de Juillet, remplacée par la IIᵉ République.

1850   Mort de Louis-Philippe.
Dickens, *David Copperfield*.

1851   Crise ministérielle. 2 décembre : coup d'État de Louis-
Napoléon Bonaparte. Fin de la IIᵉ République.
Labiche, *Un chapeau de paille d'Italie*.
Verdi, *Rigoletto*.

1852   Proclamation du Second Empire.
Napoléon III, empereur.

Vie et œuvre de l'auteur

1840 Publication de *Colomba*.
Nouveau périple en Espagne, qui marie tournée archéologique, visite de courtoisie, voyage d'agrément et de «tourisme».

1841 Voyage en Orient (Grèce et Asie Mineure) de quatre mois.

1843 Mérimée part en tournée avec Viollet-le-Duc en Bourgogne et Franche-Comté.
17 novembre : il est élu membre libre de l'Académie des inscriptions et belles-lettres.

1844 14 mars : il est élu à l'Académie française (au fauteuil de Nodier) en même temps que Sainte-Beuve.
Études sur l'histoire romaine.

1845 Parution de *Carmen*.
Séjour à Madrid où Mérimée veut consulter des documents sur Pierre le Cruel, en vue d'une étude historique.

1846 *L'abbé Aubain*, *Il Vicolo di Madama Lucrezia* (nouvelle non publiée).
Court voyage en Allemagne.

1848 Le gouvernement provisoire charge Mérimée de prévenir le pillage des objets d'art des Tuileries.

1849 Traduction de *La Dame de pique* de Pouchkine.

1850 Première représentation, malgré les réticences de Mérimée, du *Carrosse du Saint-Sacrement* à la Comédie-Française : la pièce est très mal accueillie.
Voyage en Angleterre.

1851 *La Littérature en Russie*, *Nicolas Gogol*.

1852 30 avril : mort de sa mère.
Du 6 au 20 juillet, il purge, à la Conciergerie, la peine de prison qu'il doit à son ardeur à défendre Libri, inspecteur général des Bibliothèques, dans une affaire de vol présumé.

Repères historiques et culturels

1853   Mariage de Napoléon III et d'Eugénie de Montijo.
Hugo, *Châtiments*.

1854   Début de la guerre de Crimée.
Viollet-le-Duc entreprend la publication de son *Dictionnaire raisonné de l'architecture française*.

1855   Exposition universelle de Paris.

1856   Flaubert, *Madame Bovary*.
Congrès et traité de Paris qui met un terme à la guerre de Crimée.

1857   Baudelaire, *Les Fleurs du mal*.
Poe, *Nouvelles Histoires extraordinaires*.

1859   Déclaration de guerre à l'Autriche. Batailles de Magenta et Solferino.

1861   Début de la guerre de Sécession aux États-Unis.
Début de la construction de l'Opéra de Paris sous la direction de Charles Garnier.

1862   Bismarck, Premier ministre en Prusse.

1863   Création du «Salon des refusés» où Manet fait scandale avec *Le Déjeuner sur l'herbe*.

1870   Guerre franco-prussienne. Bataille de Sedan (défaite française). Déchéance de l'Empire. Début du siège de Paris. Capitulation.
Proclamation de la IIIe République.

Vie et œuvre de l'auteur

1853   Mérimée devient sénateur. Voyage en Espagne ; Mérimée
est reçu par la comtesse de Montijo ; il assiste à plusieurs
corridas.

1854   Voyage en Europe centrale.

1856   Traduction de la nouvelle de Pouchkine, *Le Coup de pistolet*.
Voyage en Angleterre et en Écosse.
Long séjour pour raison de santé à Cannes (il souffre de
problèmes respiratoires).

1864   Dernier voyage en Espagne, chez Mme de Montijo.

1869   *Lokis*.

1870   Mérimée écrit sa dernière nouvelle, *Djoûmane*, qui ne
paraîtra qu'après sa mort.
Mort de Mérimée, à Cannes.

■ Magritte, *Le Beau Navire*, 1942 (collection privée).

La Vénus d'Ille

Ἵλεως ἦν δ' ἐγώ, ἔστω ὁ ἀνδριὰς
καὶ ἤπιος, οὕτως ἀνδρεῖος ὤν.
ΛΟΥΚΙΑΝΟΥ ΦΙΛΟΨΕΥΔΗΣ[1].

---

1. « Que cette statue, dis-je, qui ressemble tant à un homme, nous soit bien-
veillante et propice. » Lucien (v. 125-v. 192), *Le Menteur*, XIX.

■ Cranach l'Ancien (1472-1552), *Vénus et Cupidon*, 1525 (National Gallery, Londres).

Je descendais le dernier coteau du Canigou[1], et, bien que le soleil fût déjà couché, je distinguais dans la plaine les maisons de la petite ville d'Ille[2], vers laquelle je me dirigeais.

«Vous savez, dis-je au Catalan[3] qui me servait de guide depuis
5 la veille, vous savez sans doute où demeure M. de Peyrehorade[4]?

– Si je le sais! s'écria-t-il, je connais sa maison comme la mienne, et s'il ne faisait pas si noir, je vous la montrerais. C'est la plus belle d'Ille. Il a de l'argent, oui, M. de Peyrehorade; et il marie son fils à plus riche que lui encore.

10 – Et ce mariage se fera-t-il bientôt? lui demandai-je.

– Bientôt! il se peut que déjà les violons soient commandés pour la noce. Ce soir, peut-être, demain, après-demain, que sais-je! C'est à Puygarrig que ça se fera; car c'est Mlle de Puygarrig que M. le fils épouse. Ce sera beau, oui!»

15 J'étais recommandé à M. de Peyrehorade par mon ami M. de P. C'était, m'avait-il dit, un antiquaire[5] fort instruit et d'une com-

---

1. Canigou : célèbre massif des Pyrénées-Orientales.

2. Ille : aujourd'hui Ille-sur-Têt, située entre Prades et Perpignan, dans le Roussillon (voir plus loin, note 5, p. 45).

3. Catalan : habitant de la Catalogne, région qui englobe les Pyrénées-Orientales et le nord-est de l'Espagne.

4. Peyrehorade : nom d'une localité des Landes. Le personnage de Mérimée porte ainsi le nom de son village d'origine, comme souvent chez les nobles. C'est également le cas pour Mlle de Puygarrig dont il est question quelques lignes plus bas.

5. Antiquaire : n'a pas le sens d'aujourd'hui. Un antiquaire est à l'époque de Mérimée un homme connaisseur et passionné des choses de l'Antiquité.

plaisance[1] à toute épreuve. Il se ferait un plaisir de me montrer toutes les ruines à dix lieues[2] à la ronde. Or je comptais sur lui pour visiter les environs d'Ille, que je savais riches en monuments
20 antiques et du Moyen Âge. Ce mariage, dont on me parlait alors pour la première fois, dérangeait tous mes plans.

Je vais être un trouble-fête, me dis-je. Mais j'étais attendu ; annoncé par M. de P., il fallait bien me présenter.

«Gageons[3], monsieur, me dit mon guide, comme nous étions
25 déjà dans la plaine, gageons un cigare que je devine ce que vous allez faire chez M. de Peyrehorade ?

– Mais, répondis-je en lui tendant un cigare, cela n'est pas bien difficile à deviner. À l'heure qu'il est, quand on a fait six lieues dans le Canigou, la grande affaire, c'est de souper.

30 – Oui, mais demain ?... Tenez, je parierais que vous venez à Ille pour voir l'idole[4] ? j'ai deviné cela à vous voir tirer en portrait les saints[5] de Serrabona[6].

– L'idole ! quelle idole ?» Ce mot avait excité ma curiosité.

«Comment ! on ne vous a pas conté, à Perpignan, comment
35 M. de Peyrehorade avait trouvé une idole en terre ?

– Vous voulez dire une statue en terre cuite, en argile ?

– Non pas. Oui, bien en cuivre, et il y en a de quoi faire des gros sous. Elle vous pèse autant qu'une cloche d'église. C'est bien avant dans la terre[7], au pied d'un olivier, que nous l'avons
40 eue.

– Vous étiez donc présent à la découverte ?

---

1. Complaisance : disponibilité, serviabilité.
2. Dix lieues : environ quarante kilomètres ; une lieue équivaut à environ quatre kilomètres.
3. Gageons : parions.
4. Idole : statue représentant une divinité.
5. Tirer en portrait les saints : dessiner les statues de saints.
6. Serrabona : monastère proche d'Ille.
7. Bien avant dans la terre : à une grande profondeur.

– Oui, monsieur. M. de Peyrehorade nous dit, il y a quinze jours, à Jean Coll et à moi, de déraciner un vieil olivier qui était gelé de l'année dernière, car elle a été bien mauvaise, comme vous savez. Voilà donc qu'en travaillant Jean Coll qui y allait de tout cœur, il donne un coup de piôche, et j'entends bimm… comme s'il avait tapé sur une cloche. Qu'est-ce que c'est ? que je dis. Nous piochons toujours, nous piochons, et voilà qu'il paraît une main noire, qui semblait la main d'un mort qui sortait de terre. Moi, la peur me prend. Je m'en vais à Monsieur, et je lui dis : Des morts, notre maître, qui sont sous l'olivier ! Faut appeler le curé. – Quels morts ? qu'il me dit. Il vient, et il n'a pas plutôt vu la main qu'il s'écrie : Un antique[1] ! un antique ! – Vous auriez cru qu'il avait trouvé un trésor. Et le voilà, avec la pioche, avec les mains, qui se démène et qui faisait quasiment autant d'ouvrage que nous deux.

– Et enfin que trouvâtes-vous ?

– Une grande femme noire plus qu'à moitié nue, révérence parler[2], monsieur, toute en cuivre, et M. de Peyrehorade nous a dit que c'était une idole du temps des païens[3]… du temps de Charlemagne, quoi !

– Je vois ce que c'est… Quelque bonne Vierge en bronze d'un couvent détruit.

– Une bonne Vierge ! ah bien oui !… Je l'aurais bien reconnue, si ç'avait été une bonne Vierge. C'est une idole, vous dis-je ; on le voit bien à son air. Elle vous fixe avec ses grands yeux blancs… On dirait qu'elle vous dévisage. On baisse les yeux, oui, en la regardant.

– Des yeux blancs ? Sans doute ils sont incrustés dans le bronze. Ce sera peut-être quelque statue romaine.

---

1. *Un antique* : un objet antique.

2. *Révérence parler* : formule de politesse employée pour excuser une formule choquante ou déplacée.

3. Le guide n'a pas de grandes connaissances historiques. Les «païens» désignent les peuples non chrétiens de l'Antiquité. Or l'époque où Charlemagne fut empereur est bien plus tardive…

70   – Romaine ! c'est cela. M. de Peyrehorade dit que c'est une
Romaine. Ah ! je vois bien que vous êtes un savant comme lui.

      – Est-elle entière, bien conservée ?

      – Oh ! monsieur, il ne lui manque rien. C'est encore plus beau
et mieux fini que le buste de Louis-Philippe[1], qui est à la mairie,
75 en plâtre peint[2]. Mais avec tout cela, la figure de cette idole ne me
revient pas. Elle a l'air méchante… et elle l'est aussi.

      – Méchante ! Quelle méchanceté vous a-t-elle faite ?

      – Pas à moi précisément ; mais vous allez voir. Nous nous
étions mis à quatre pour la dresser debout, et M. de Peyrehorade,
80 qui lui aussi tirait à la corde[3], bien qu'il n'ait guère plus de force
qu'un poulet, le digne homme ! Avec bien de la peine nous la
mettons droite. J'amassais un tuileau[4] pour la caler, quand, pata-
tras ! la voilà qui tombe à la renverse tout d'une masse. Je dis :
Gare dessous ! Pas assez vite pourtant, car Jean Coll n'a pas eu le
85 temps de tirer sa jambe…

      – Et il a été blessé ?

      – Cassée net comme un échalas[5], sa pauvre jambe ! Pécaïre[6] !
quand j'ai vu cela, moi, j'étais furieux. Je voulais défoncer l'idole
à coups de pioche, mais M. de Peyrehorade m'a retenu. Il a
90 donné de l'argent à Jean Coll, qui tout de même est encore au lit
depuis quinze jours que cela lui est arrivé, et le médecin dit qu'il
ne marchera jamais de cette jambe-là comme de l'autre. C'est
dommage, lui qui était notre meilleur coureur et, après monsieur

---

1. *Louis-Philippe* (1773-1850) : roi des Français entre 1830 et 1848. Son
règne (sous la monarchie de Juillet) marque l'avènement de la bourgeoisie,
volontiers éprise de platitude et de convention.
2. À l'époque, le buste du roi est installé dans les mairies, comme aujourd'hui
la photo officielle du président de la République.
3. *Tirait à la corde* : tirait sur la corde.
4. *J'amassais un tuileau* : je ramassais un morceau de tuile.
5. *Échalas* : pieu en bois servant à soutenir un cep de vigne.
6. *Pécaïre* : en patois méridional «peuchère», exclamation courante dans
le Midi.

le fils, le plus malin joueur de paume[1]. C'est que M. Alphonse
de Peyrehorade en a été triste, car c'est Coll qui faisait sa partie[2].
Voilà qui était beau à voir comme ils se renvoyaient les balles.
Paf! paf! Jamais elles ne touchaient terre.»

Devisant de la sorte, nous entrâmes à Ille, et je me trouvai bientôt en présence de M. de Peyrehorade. C'était un petit
vieillard vert encore et dispos, poudré, le nez rouge, l'air jovial
et goguenard[3]. Avant d'avoir ouvert la lettre de M. de P., il
m'avait installé devant une table bien servie, et m'avait présenté
à sa femme et à son fils comme un archéologue[4] illustre, qui
devait tirer le Roussillon[5] de l'oubli où le laissait l'indifférence
des savants.

Tout en mangeant de bon appétit, car rien ne dispose mieux
que l'air vif des montagnes, j'examinais mes hôtes. J'ai dit un
mot de M. de Peyrehorade; je dois ajouter que c'était la vivacité
même. Il parlait, mangeait, se levait, courait à sa bibliothèque,
m'apportait des livres, me montrait des estampes[6], me versait
à boire; il n'était jamais deux minutes en repos. Sa femme, un
peu trop grasse, comme la plupart des Catalanes lorsqu'elles
ont passé quarante ans, me parut une provinciale renforcée, uni-
quement occupée des soins de son ménage. Bien que le souper
fût suffisant pour six personnes au moins, elle courut à la cui-
sine, fit tuer des pigeons, frire des miliasses[7], ouvrit je ne sais
combien de pots de confitures. En un instant la table fut encom-

---

1. Paume : le jeu de paume, très pratiqué en Catalogne, consiste à renvoyer
la balle de part et d'autre d'un filet avec la seule paume de la main.
2. Qui faisait sa partie : qui était son partenaire habituel.
3. Goguenard : moqueur, railleur.
4. Archéologue : savant qui étudie les civilisations disparues à partir de leurs
vestiges.
5. Roussillon : région frontalière de l'Espagne qui s'étend de la Méditerra-
née au mont Canigou.
6. Estampes : images imprimées au moyen d'une planche gravée de bois ou
de cuivre.
7. Miliasses : gâteaux à la farine de maïs.

brée de plats et de bouteilles, et je serais certainement mort
d'indigestion si j'avais goûté seulement à tout ce qu'on m'of-
120 frait. Cependant, à chaque plat que je refusais, c'étaient de nouvelles excuses. On craignait que je ne me trouvasse bien mal à
Ille. Dans la province on a si peu de ressources, et les Parisiens
sont si difficiles !

Au milieu des allées et venues de ses parents, M. Alphonse
125 de Peyrehorade ne bougeait pas plus qu'un Terme[1]. C'était un
grand jeune homme de vingt-six ans, d'une physionomie belle et
régulière[2], mais manquant d'expression. Sa taille et ses formes
athlétiques justifiaient bien la réputation d'infatigable joueur de
paume qu'on lui faisait dans le pays. Il était ce soir-là habillé
130 avec élégance, exactement d'après la gravure du dernier numéro
du *Journal des modes*[3]. Mais il me semblait gêné dans ses vêtements ; il était roide[4] comme un piquet dans son col de velours,
et ne se tournait que tout d'une pièce. Ses mains grosses et
hâlées, ses ongles courts, contrastaient singulièrement avec son
135 costume. C'étaient des mains de laboureur sortant des manches
d'un dandy[5]. D'ailleurs, bien qu'il me considérât de la tête aux
pieds fort curieusement, en ma qualité de Parisien, il ne m'adressa
qu'une seule fois la parole dans toute la soirée, ce fut pour me
demander où j'avais acheté la chaîne de ma montre.
140 « Ah çà ! mon cher hôte, me dit M. de Peyrehorade, le souper
tirant à sa fin, vous m'appartenez, vous êtes chez moi. Je ne vous
lâche plus, sinon quand vous aurez vu tout ce que nous avons de
curieux dans nos montagnes. Il faut que vous appreniez à connaître notre Roussillon, et que vous lui rendiez justice. Vous ne vous

---

1. *Un Terme* : borne antique indéplaçable qui représentait le dieu Terme.
(Voir La Fontaine dans *Le Berger et son troupeau* : «Foi de peuple d'honneur,
ils lui promirent tous/ De ne bouger non plus qu'un terme.»)
2. *D'une physionomie belle et régulière* : aux traits beaux et réguliers.
3. Allusion à *La Mode*, revue fondée en 1829.
4. *Roide* : raide.
5. *Dandy* : homme particulièrement élégant, dont la toilette est soignée et
à la mode.

doutez pas de tout ce que nous allons vous montrer. Monuments
phéniciens[1], celtiques, romains, arabes, byzantins[2], vous verrez
tout, depuis le cèdre jusqu'à l'hysope[3]. Je vous mènerai partout
et ne vous ferai pas grâce d'une brique.»

Un accès de toux l'obligea de s'arrêter. J'en profitai pour lui
dire que je serais désolé de le déranger dans une circonstance
aussi intéressante pour sa famille. S'il voulait bien me donner
ses excellents conseils sur les excursions que j'aurais à faire, je
pourrais, sans qu'il prît la peine de m'accompagner...

«Ah! vous voulez parler du mariage de ce garçon-là, s'écria-
t-il en m'interrompant. Bagatelle[4]! ce sera fait après-demain.
Vous ferez la noce avec nous, en famille, car la future est en deuil
d'une tante dont elle hérite. Ainsi point de fête, point de bal...
C'est dommage... vous auriez vu danser nos Catalanes... Elles
sont jolies, et peut-être l'envie vous aurait-elle pris d'imiter mon
Alphonse. Un mariage, dit-on, en amène d'autres... Samedi, les
jeunes gens mariés, je suis libre, et nous nous mettons en course.
Je vous demande pardon de vous donner l'ennui d'une noce de
province. Pour un Parisien blasé sur les fêtes... et une noce sans
bal encore! Pourtant, vous verrez une mariée... une mariée...
vous m'en direz des nouvelles... Mais vous êtes un homme grave
et vous ne regardez plus les femmes. J'ai mieux que cela à vous
montrer. Je vous ferai voir quelque chose!... Je vous réserve une
fière surprise pour demain.

– Mon Dieu! lui dis-je, il est difficile d'avoir un trésor dans
sa maison sans que le public en soit instruit. Je crois deviner la

---

1. Phéniciens : édifiés par les Phéniciens, habitants de la Phénicie – pays
côtier d'Asie Mineure dans l'Antiquité (là où se trouve approximativement
l'actuel Liban) –, peuple de navigateurs et de commerçants.
2. Byzantins : de l'Empire romain d'Orient dont la capitale était Byzance,
vieille cité grecque reconstruite en 330 av. J.-C. par Constantin.
3. Depuis le cèdre jusqu'à l'hysope : du plus grand au plus petit (le cèdre
est un grand arbre, l'hysope un arbrisseau).
4. Bagatelle : chose sans importance.

surprise que vous me préparez. Mais si c'est de votre statue qu'il s'agit, la description que mon guide m'en a faite n'a servi qu'à exciter ma curiosité et à me disposer à l'admiration.

175 – Ah ! il vous a parlé de l'idole, car c'est ainsi qu'ils appellent ma belle Vénus Tur... mais je ne veux rien vous dire. Demain, au grand jour, vous la verrez, et vous me direz si j'ai raison de la croire un chef-d'œuvre. Parbleu ! vous ne pouviez arriver plus à propos ! Il y a des inscriptions que moi, pauvre igno-rant, j'explique à ma manière... mais un savant de Paris !... Vous
180 vous moquerez peut-être de mon interprétation... car j'ai fait un mémoire[1]... moi qui vous parle... vieil antiquaire de pro-vince, je me suis lancé... Je veux faire gémir la presse[2]... Si vous vouliez bien me lire et me corriger, je pourrais espérer... Par exemple, je suis bien curieux de savoir comment vous tradui-
185 rez cette inscription sur le socle : *CAVE*[3]... Mais je ne veux rien vous demander encore ! À demain, à demain ! Pas un mot sur la Vénus aujourd'hui !

– Tu as raison, Peyrehorade, dit sa femme, de laisser là ton idole. Tu devrais voir que tu empêches monsieur de manger. Va,
190 monsieur a vu à Paris de bien plus belles statues que la tienne. Aux Tuileries[4], il y en a des douzaines, et en bronze aussi.

– Voilà bien l'ignorance, la sainte ignorance de la province ! interrompit M. de Peyrehorade. Comparer un antique admirable aux plates figures de Coustou[5] !

195   Comme avec irrévérence
         Parle des dieux ma ménagère[6] !

---

1. *Mémoire* : écrit qui expose une thèse, défend une idée.
2. *Je veux faire gémir la presse* : la phrase signifie à la fois «je veux publier beaucoup» (au point de faire grincer les presses à bras, machines utilisées pour imprimer) et «je veux impressionner les journalistes spécialisés».
3. *Cave* : «Prends garde», en latin.
4. *Tuileries* : jardin parisien situé entre le Louvre et la place de la Concorde.
5. *Coustou* : sculpteur français du XVIIIe siècle.
6. Voir Molière, *Amphitryon*, acte I, scène 2 : «Comme avec irrévérence/ Parle des dieux ce maraud.»

Savez-vous que ma femme voulait que je fondisse ma statue pour en faire une cloche à notre église. C'est qu'elle en eût été la marraine. Un chef-d'œuvre de Myron[1], monsieur !

200 – Chef-d'œuvre ! chef-d'œuvre ! un beau chef-d'œuvre qu'elle a fait ! casser la jambe d'un homme !

– Ma femme, vois-tu ? dit M. de Peyrehorade d'un ton résolu, et tendant vers elle sa jambe droite dans un bas de soie chinée[2], si ma Vénus m'avait cassé cette jambe-là, je ne la regretterais pas.

205 – Bon Dieu ! Peyrehorade, comment peux-tu dire cela ! Heureusement que l'homme va mieux… Et encore je ne peux pas prendre sur moi de regarder la statue qui fait des malheurs comme celui-là. Pauvre Jean Coll !

– Blessé par Vénus, monsieur, dit M. de Peyrehorade riant
210 d'un gros rire, blessé par Vénus, le maraud[3] se plaint.

Veneris nec præmia noris[4].

[Qui n'a été blessé par Vénus[5] ?»]

M. Alphonse, qui comprenait le français mieux que le latin, cligna de l'œil d'un air d'intelligence, et me regarda comme pour
215 me demander : Et vous, Parisien, comprenez-vous ?

Le souper finit. Il y avait une heure que je ne mangeais plus. J'étais fatigué, et je ne pouvais parvenir à cacher les fréquents bâillements qui m'échappaient. Mme de Peyrehorade s'en aperçut la première, et remarqua qu'il était temps d'aller dormir. Alors
220 commencèrent de nouvelles excuses sur le mauvais gîte[6] que j'allais avoir. Je ne serais pas comme à Paris. [En province on est si mal !]Il fallait de l'indulgence pour les Roussillonnais[7]. J'avais

---

1. *Myron* : sculpteur grec du ve siècle av. J.-C.

2. *Chinée* : tissée de couleurs différentes.

3. *Maraud* : vaurien.

4. Virgile, *Énéide*, IV, 33 : «Tu ne connais pas les présents de Vénus.»

5. Vénus est la déesse de l'amour. L'expression signifie donc : «Qui n'a jamais connu le désir amoureux ?»

6. *Gîte* : logement.

7. *Il fallait* […] *Roussillonnais* : il fallait faire preuve de tolérance à l'égard des Roussillonnais, pardonner leur manque de manières.

beau protester qu'après une course dans les montagnes une botte
de paille me serait un coucher délicieux, on me priait toujours de
225 pardonner à de pauvres campagnards s'ils ne me traitaient pas
aussi bien qu'ils l'eussent désiré. Je montai enfin à la chambre
qui m'était destinée, accompagné de M. de Peyrehorade. L'escalier, dont les marches supérieures étaient en bois, aboutissait au
milieu d'un corridor[1], sur lequel donnaient plusieurs chambres.

230 « À droite, me dit mon hôte, c'est l'appartement que je destine
à la future Mme Alphonse. Votre chambre est au bout du corridor
opposé. Vous sentez bien, ajouta-t-il d'un air qu'il voulait rendre
fin, vous sentez bien qu'il faut isoler de nouveaux mariés. Vous
êtes à un bout de la maison, eux à l'autre.»

235 Nous entrâmes dans une chambre bien meublée, où le premier objet sur lequel je portai la vue fut un lit long de sept pieds[2],
large de six, et si haut qu'il fallait un escabeau pour s'y guinder[3].
Mon hôte m'ayant indiqué la position de la sonnette, et s'étant
assuré par lui-même que le sucrier était plein, les flacons d'eau de
240 Cologne dûment placés sur la toilette[4], après m'avoir demandé
plusieurs fois si rien ne me manquait, me souhaita une bonne
nuit et me laissa seul.

Les fenêtres étaient fermées. Avant de me déshabiller, j'en
ouvris une pour respirer l'air frais de la nuit, délicieux après un
245 long souper. En face était le Canigou, d'un aspect admirable en
tout temps, mais qui me parut ce soir-là la plus belle montagne du monde, éclairé qu'il était par une lune resplendissante.
Je demeurai quelques minutes à contempler sa silhouette mer-

---

1. Corridor : ici, passage étroit permettant l'accès à plusieurs pièces du même
étage.
2. Sept pieds : environ 2,20 mètres ; le pied est une ancienne mesure de
longueur équivalant à trente-deux centimètres environ.
3. S'y guinder : s'y hisser.
4. Toilette : meuble où l'on met ce qui est nécessaire à la toilette et au maquil-
lage.

veilleuse, et j'allais fermer ma fenêtre, lorsque, baissant les yeux,
250 j'aperçus la statue sur un piédestal à une vingtaine de toises[1] de
la maison. Elle était placée à l'angle d'une haie vive[2] qui séparait
un petit jardin d'un vaste carré ⌈parfaitement uni,⌉ qui, je l'appris
plus tard, était le jeu de paume de la ville. Ce terrain, propriété
de M. de Peyrehorade, avait été cédé par lui à la commune, sur
255 les pressantes sollicitations[3] de son fils.

À la distance où j'étais, il m'était difficile de distinguer l'attitude de la statue; je ne pouvais juger que de sa hauteur, qui me
parut de six pieds environ. En ce moment, deux polissons[4] de la
ville passaient sur le jeu de paume, assez près de la haie, sifflant le
260 joli air du Roussillon : ⌈*Montagnes régalades*[5]. Ils s'arrêtèrent pour
regarder la statue; un d'eux l'apostropha[6] même à haute voix.⌉ Il
parlait catalan; mais j'étais dans le Roussillon depuis assez longtemps pour pouvoir comprendre à peu près ce qu'il disait.

«Te voilà donc, coquine! (Le terme catalan était plus éner-
265 gique.) Te voilà! disait-il. C'est donc toi qui as cassé la jambe à
Jean Coll! Si tu étais à moi, je te casserais le cou.

– Bah! avec quoi? dit l'autre. Elle est de cuivre, et si dure
qu'Étienne a cassé sa lime dessus, essayant de l'entamer. C'est du
cuivre du temps des païens; c'est plus dur que je ne sais quoi.

270 – Si j'avais mon ciseau à froid[7] (il paraît que[8] c'était un
apprenti serrurier), je lui ferais bientôt sauter ses grands yeux
blancs, comme je tirerais une amande de sa coquille. Il y a pour
plus de cent sous d'argent.»

---

1. *Toises* : la toise est une ancienne mesure de longueur valant environ deux
mètres.
2. *Haie vive* : haie formée d'arbustes en pleine végétation.
3. *Sollicitations* : demandes.
4. *Polissons* : voyous.
5. *Montagnes régalades* : «montagnes royales».
6. *L'apostropha* : l'interpella.
7. *Ciseau à froid* : outil permettant de couper les métaux sans les chauffer.
8. *Il paraît que* : il semblait que.

Ils firent quelques pas en s'éloignant.

275 «Il faut que je souhaite le bonsoir à l'idole», dit le plus grand des apprentis, s'arrêtant tout à coup.

Il se baissa, et probablement ramassa une pierre. Je le vis déployer le bras, lancer quelque chose, et aussitôt un coup sonore retentit sur le bronze. Au même instant l'apprenti porta la main
280 à sa tête en poussant un cri de douleur.

«Elle me l'a rejetée!» s'écria-t-il.

Et mes deux polissons prirent la fuite à toutes jambes. Il était évident que la pierre avait rebondi sur le métal, et avait puni ce drôle[1] de l'outrage qu'il faisait à la déesse.

285 Je fermai la fenêtre en riant de bon cœur.

«Encore un Vandale[2] puni par Vénus! Puissent tous les destructeurs de nos vieux monuments avoir ainsi la tête cassée!» Sur ce souhait charitable, je m'endormis.

Il était grand jour quand je me réveillai. Auprès de mon lit
290 étaient, d'un côté, M. de Peyrehorade, en robe de chambre; de l'autre, un domestique envoyé par sa femme, une tasse de chocolat à la main.

«Allons, debout, Parisien! Voilà bien mes paresseux de la capitale! disait mon hôte pendant que je m'habillais à la hâte.
295 Il est huit heures, et encore au lit! Je suis levé, moi, depuis six heures. Voilà trois fois que je monte; je me suis approché de votre porte sur la pointe du pied : personne, nul signe de vie. Cela vous fera mal de trop dormir à votre âge. Et ma Vénus que vous n'avez pas encore vue! Allons, prenez-moi vite cette tasse de chocolat de
300 Barcelone... Vraie contrebande[3]... Du chocolat comme on n'en a pas à Paris. Prenez des forces, car lorsque vous serez devant ma Vénus, on ne pourra plus vous en arracher.»

---

1. *Ce drôle* : ce coquin, cet effronté.
2. *Vandale* : les Vandales sont un peuple germanique qui dévasta une partie de l'Europe au Ve siècle. Par extension, un vandale est une personne qui commet des actes de destruction par bêtise ou par malveillance.
3. *Contrebande* : trafic clandestin de marchandises.

En cinq minutes je fus prêt, c'est-à-dire à moitié rasé, mal bou-
tonné, et brûlé par le chocolat que j'avalai bouillant. Je descendis
305   dans le jardin, et me trouvai devant une admirable statue.

C'était bien une Vénus, et d'une merveilleuse beauté. Elle
avait le haut du corps nu, comme les Anciens représentaient
d'ordinaire les grandes divinités ; la main droite, levée à la hauteur du sein, était tournée, la paume en dedans, le pouce et les
310   deux premiers doigts étendus, les deux autres légèrement ployés.
L'autre main, rapprochée de la hanche, soutenait la draperie qui
couvrait la partie inférieure du corps. L'attitude de cette statue
rappelait celle du Joueur de mourre[1] qu'on désigne, je ne sais
trop pourquoi, sous le nom de Germanicus[2]. Peut-être avait-on
315   voulu représenter la déesse jouant au jeu de mourre.

Quoi qu'il en soit, il est impossible de voir quelque chose
de plus parfait que le corps de cette Vénus, rien de plus suave,
de plus voluptueux que ses contours ; rien de plus élégant et de
plus noble que sa draperie. Je m'attendais à quelque ouvrage du
320   Bas-Empire[3] ; je voyais un chef-d'œuvre du meilleur temps de la
statuaire[4]. Ce qui me frappait surtout, c'était l'exquise vérité des
formes, en sorte qu'on aurait pu les croire moulées sur nature, si
la nature produisait d'aussi parfaits modèles.

La chevelure, relevée sur le front, paraissait avoir été dorée
325   autrefois. La tête, petite comme celle de presque toutes les statues
grecques, était légèrement inclinée en avant. Quant à la figure,
jamais je ne parviendrai à exprimer son caractère étrange, et dont
le type ne se rapprochait de celui d'aucune statue antique dont il
me souvienne. Ce n'était point cette beauté calme et sévère des

---

1. *Mourre* : jeu de hasard dans lequel deux personnes se montrent simulta-
nément un nombre de doigts dressés en criant un chiffre pouvant exprimer ce
nombre. Celui qui donne le chiffre juste gagne.
2. *Germanicus* : général romain, grand-père de Néron, dont la statue se
trouve au Louvre.
3. *Bas-Empire* : période de l'Empire romain entre le IIIe et le Ve siècle ap. J.-C.
4. *Statuaire* : art de sculpter les statues.

330 sculpteurs grecs, qui, par système[1], donnaient à tous les traits une majestueuse immobilité. Ici, au contraire, j'observais avec surprise l'intention marquée de l'artiste de rendre la malice arrivant jusqu'à la méchanceté. Tous les traits étaient contractés légèrement : les yeux un peu obliques, la bouche relevée des coins, les

335 narines quelque peu gonflées. Dédain, ironie, cruauté, se lisaient sur ce visage d'une incroyable beauté cependant. En vérité, plus on regardait cette admirable statue, et plus on éprouvait le sentiment pénible qu'une si merveilleuse beauté pût s'allier à l'absence de toute sensibilité.

340 «Si le modèle a jamais existé, dis-je à M. de Peyrehorade, et je doute que le ciel ait jamais produit une telle femme, que je plains ses amants! Elle a dû se complaire à les faire mourir de désespoir. Il y a dans son expression quelque chose de féroce, et pourtant je n'ai jamais vu rien de si beau.

345 – C'est Vénus tout entière à sa proie attachée[2]!» s'écria M. de Peyrehorade, satisfait de mon enthousiasme.

Cette expression d'ironie infernale était augmentée peut-être par le contraste de ses yeux incrustés d'argent et très brillants avec la patine[3] d'un vert noirâtre que le temps avait donnée

350 à toute la statue. Ces yeux brillants produisaient une certaine illusion qui rappelait la réalité, la vie. Je me souvins de ce que m'avait dit mon guide, qu'elle faisait baisser les yeux à ceux qui la regardaient. Cela était presque vrai, et je ne pus me défendre d'un mouvement de colère contre moi-même en me sentant un

355 peu mal à mon aise devant cette figure de bronze.

«Maintenant que vous avez tout admiré en détail, mon cher collègue en antiquaillerie[4], dit mon hôte, ouvrons, s'il vous plaît, une conférence[5] scientifique. Que dites-vous de cette inscription, à laquelle vous n'avez point pris garde encore?»

---

1. **Par système** : par principe.
2. Racine, *Phèdre*, acte I, scène 3.
3. **Patine** : dépôt qui se forme avec le temps sur le cuivre ou le bronze.
4. **Antiquaillerie** : antiquités sans valeur.
5. **Conférence** : discussion.

■ Titien (v. 1490-1576), *Vénus et Adonis* (The Metropolitan Museum of Art, New York).

360 Il me montrait le socle de la statue, et j'y lus ces mots :

CAVE AMANTEM

«*Quid dicis, doctissime*[1] ? me demanda-t-il en se frottant ~~rubbing~~ les mains. Voyons si nous nous rencontrons[2] sur le sens de ce *cave amantem* !

365 — Mais, répondis-je, il y a deux sens. On peut traduire : "Prends garde à celui qui t'aime, défie-toi des amants." Mais, dans ce sens, je ne sais si *cave amantem* serait d'une bonne latinité[3]. En voyant l'expression diabolique de la dame, je croirais plutôt que l'artiste a voulu mettre en garde le spectateur contre cette terrible beauté.
370 Je traduirais donc : "Prends garde à toi si *elle* t'aime[4]."

— Humph ! dit M. de Peyrehorade, oui, c'est un sens admirable ; mais, ne vous en déplaise, je préfère la première traduction, que je développerai pourtant. Vous connaissez l'amant de Vénus ?

375 — Il y en a plusieurs.

— Oui ; mais le premier, c'est Vulcain[5]. N'a-t-on pas voulu dire : "Malgré toute ta beauté, ton air dédaigneux, tu auras un forgeron, un vilain boiteux pour amant" ? Leçon profonde, monsieur, pour les coquettes ! »

380 Je ne pus m'empêcher de sourire, tant l'explication me parut tirée par les cheveux.

«C'est une terrible langue que le latin avec sa concision[6], observai-je pour éviter de contredire formellement mon antiquaire, et je reculai de quelques pas afin de mieux contempler
385 la statue.

---

1. *Quid dicis, doctissime ?* : «Qu'en dis-tu, homme très savant ?», en latin.
2. *Nous nous rencontrons* : nous tombons d'accord.
3. *D'une bonne latinité :* d'une tournure correcte en latin.
4. L'ambiguïté du tour elliptique en latin tient à la suppression du pronom complément : littéralement, «prends garde *à toi aimant*» ou «*à elle aimant*».
5. *Vulcain* : dieu romain du feu. Il était laid et boiteux, mais pourtant l'époux de Vénus.
6. *Concision* : fait d'exprimer une idée en peu de mots.

– Un instant, collègue! dit M. de Peyrehorade en m'arrêtant par le bras, vous n'avez pas tout vu. Il y a encore une autre inscription. Montez sur le socle et regardez au bras droit.» En parlant ainsi il m'aidait à monter.

390 Je m'accrochai sans trop de façons au cou de la Vénus, avec laquelle je commençais à me familiariser. Je la regardai même un instant *sous le nez*, et la trouvai de près encore plus méchante et encore plus belle. Puis je reconnus qu'il y avait, gravés sur le bras, quelques caractères d'écriture cursive[1] antique, à ce qu'il

395 me sembla. À grand renfort de besicles[2] j'épelai ce qui suit, et cependant[3] M. de Peyrehorade répétait chaque mot à mesure que je le prononçais, approuvant du geste et de la voix. Je lus donc :

VENERI TVRBVL…
EVTYCHES MYRO
400 IMPERIO FECIT

Après ce mot TVRBVL de la première ligne, il me sembla qu'il y avait quelques lettres effacées ; mais TVRBVL était parfaitement lisible.

«Ce qui veut dire ?…» me demanda mon hôte radieux et sou-
405 riant avec malice, car il pensait bien que je ne me tirerais pas facilement de ce TVRBVL.

«Il y a un mot que je ne m'explique pas encore, lui dis-je ; tout le reste est facile. Eutychès Myron a fait cette offrande à Vénus par son ordre.

410 – À merveille. Mais TVRBVL, qu'en faites-vous ? Qu'est-ce que TVRBVL ?

– TVRBVL m'embarrasse fort. Je cherche en vain quelque épithète[4] connue de Vénus qui puisse m'aider. Voyons, que diriez-

---

1. *Écriture cursive* : écriture tracée à main courante.
2. *Besicles* : lunettes rondes à l'ancienne.
3. *Cependant* : pendant ce temps.
4. *Épithète* : qualificatif. Dans l'Antiquité, Vénus est souvent affublée d'un qualificatif visant à mettre en relief telle posture, tel ou tel aspect symbolique

vous de TVRBVLENTA? Vénus qui trouble, qui agite… Vous vous
415 apercevez que je suis toujours préoccupé de son expression
méchante. TVRBVLENTA, ce n'est point une trop mauvaise épithète
pour Vénus», ajoutai-je d'un ton modeste, car je n'étais pas moi-
même fort satisfait de mon explication.

«Vénus turbulente! Vénus la tapageuse! Ah! vous croyez donc
420 que ma Vénus est une Vénus de cabaret? Point du tout, monsieur;
c'est une Vénus de bonne compagnie. Mais je vais vous expliquer
ce TVRBVL… Au moins vous me promettez de ne point divulguer
ma découverte avant l'impression de mon mémoire. C'est que,
voyez-vous, je m'en fais gloire, de cette trouvaille-là… Il faut bien
425 que vous nous laissiez quelques épis à glaner, à nous autres pauvres
diables de provinciaux. Vous êtes si riches, messieurs les savants de
Paris!»

Du haut du piédestal, où j'étais toujours perché, je lui promis
solennellement que je n'aurais jamais l'indignité[1] de lui voler sa
430 découverte.

«TVRBVL…, monsieur, dit-il en se rapprochant et baissant la
voix de peur qu'un autre que moi ne pût l'entendre, lisez TVR-
BVLNERÆ.

– Je ne comprends pas davantage.

435 – Écoutez bien. À une lieue d'ici, au pied de la montagne, il
y a un village qui s'appelle Boulternère. C'est une corruption[2]
du mot latin TVRBVLNERA. Rien de plus commun que ces inver-
sions. Boulternère, monsieur, a été une ville romaine. Je m'en
étais toujours douté, mais jamais je n'en avais eu la preuve. La
440 preuve, la voilà. Cette Vénus était la divinité topique[3] de la cité de
Boulternère; et ce mot de Boulternère, que je viens de démontrer

---

de sa personne physique ou de ses attributs : «sortant des eaux» (anadyo-
mène), «soulevant son vêtement pour regarder ses fesses» (callipyge), «déesse
de la maternité» (*genitrix*).
1. *Indignité* : malhonnêteté.
2. *Corruption* : déformation.
3. *Divinité topique* : divinité qui règne sur un lieu (du grec *topos*, «lieu»).

d'origine antique, prouve une chose bien plus curieuse, c'est que Boulternère, avant d'être une ville romaine, a été une ville phénicienne ! »

445   Il s'arrêta un moment pour respirer et jouir de ma surprise. Je parvins à réprimer une forte envie de rire.

    «En effet, poursuivit-il, TVRBVLNERA est pur phénicien[1], TVR, prononcez TOUR… TOUR et SOUR, même mot, n'est-ce pas ? SOUR est le nom phénicien de Tyr[2] ; je n'ai pas besoin de vous
450 en rappeler le sens. BVL, c'est Baal[3] ; Bâl, Bel, Bul, légères différences de prononciation. Quant à NERA, cela me donne un peu de peine. Je suis tenté de croire, faute de trouver un mot phénicien, que cela vient du grec νηρός, humide, marécageux. Ce serait donc un mot hybride[4]. Pour justifier νηρός, je vous
455 montrerai à Boulternère comment les ruisseaux de la montagne y forment des mares infectes. D'autre part, la terminaison NERA aurait pu être ajoutée beaucoup plus tard en l'honneur de Nera Pivesuvia, femme de Tétricus, laquelle aurait fait quelque bien à la cité de Turbul. Mais, à cause des mares, je préfère l'étymo-
460 logie[5] de νηρός. »

    Il prit une prise de tabac[6] d'un air satisfait.

    «Mais laissons les Phéniciens, et revenons à l'inscription. Je traduis donc : "À Vénus de Boulternère Myron dédie par son ordre cette statue, son ouvrage."»

465   Je me gardai bien de critiquer son étymologie, mais je voulus à mon tour faire preuve de pénétration[7], et je lui dis : «Halte-là, monsieur. Myron a consacré quelque chose, mais je ne vois nullement que ce soit cette statue.

---

1. *Phénicien* : langue de Phénicie (voir note 1, p. 47).
2. *Tyr* : port de Phénicie.
3. *Baal* : divinité phénicienne.
4. *Hybride* : constitué d'éléments d'origines différentes.
5. *Étymologie* : origine d'un mot et science qui l'étudie.
6. Le tabac était prisé par les marins (c'est-à-dire broyé en fine poudre puis inhalé dès le XVe siècle).
7. *Pénétration* : perspicacité, finesse de jugement.

– Comment ! s'écria-t-il, Myron n'était-il pas un fameux sculp-
470 teur grec ? Le talent se sera perpétué dans sa famille : c'est un de
ses descendants qui aura fait cette statue. Il n'y a rien de plus sûr.
    – Mais, répliquai-je, je vois sur le bras un petit trou. Je pense
qu'il a servi à fixer quelque chose, un bracelet, par exemple, que
ce Myron donna à Vénus en offrande expiatoire[1]. Myron était un
475 amant malheureux. Vénus était irritée contre lui : il l'apaisa en lui
consacrant un bracelet d'or. Remarquez que *fecit*[2] se prend fort
souvent pour *consecravit*[3]. Ce sont termes synonymes. Je vous en
montrerais plus d'un exemple si j'avais sous la main Gruter ou
bien Orelli[4]. Il est naturel qu'un amoureux voie Vénus en rêve,
480 qu'il s'imagine qu'elle lui commande de donner un bracelet d'or
à sa statue. Myron lui consacra un bracelet… Puis les barbares[5]
ou bien quelque voleur sacrilège[6]…
    – Ah ! qu'on voit bien que vous avez fait des romans[7] ! s'écria
mon hôte en me donnant la main pour descendre. Non, mon-
485 sieur, c'est un ouvrage de l'école de Myron. Regardez seulement
le travail, et vous en conviendrez.»
    M'étant fait une loi de ne jamais contredire à outrance les anti-
quaires entêtés, je baissai la tête d'un air convaincu en disant :
«C'est un admirable morceau.
490   – Ah ! mon Dieu, s'écria M. de Peyrehorade, encore un trait
de vandalisme[8] ! On aura jeté une pierre à ma statue !»

---

1. *Offrande expiatoire* : offrande destinée à attirer la bienveillance d'une
divinité redoutée.
2. *Fecit* : en latin, «il fit».
3. *Consecravit* : en latin, «il consacra».
4. *Gruter, Orelli* : deux spécialistes des langues ayant respectivement vécu
au XVIIe et au XIXe siècle.
5. Allusion aux invasions barbares qui déferlèrent sur l'Empire romain au
moment de son déclin et de sa chute.
6. *Sacrilège* : qui profane ce qui est sacré.
7. *Que vous avez fait des romans* : ici, probablement, que vous avez éla-
boré des théories.
8. *Vandalisme* : voir la note 2, p. 52.

Il venait d'apercevoir une marque blanche un peu au-dessus du sein de la Vénus. Je remarquai une trace semblable sur les doigts de la main droite, qui, je le supposai alors, avaient été touchés dans le trajet de la pierre, ou bien un fragment s'en était détaché par le choc et avait ricoché sur la main. Je contai à mon hôte l'insulte dont j'avais été témoin et la prompte punition qui s'en était suivie. Il en rit beaucoup, et, comparant l'apprenti à Diomède[1], il lui souhaita de voir, comme le héros grec, tous ses compagnons changés en oiseaux blancs.

La cloche du déjeuner interrompit cet entretien classique[2], et, de même que la veille, je fus obligé de manger comme quatre. Puis vinrent des fermiers de M. de Peyrehorade ; et pendant qu'il leur donnait audience, son fils me mena voir une calèche qu'il avait achetée à Toulouse pour sa fiancée, et que j'admirai, cela va sans dire. Ensuite j'entrai avec lui dans l'écurie, où il me tint une demi-heure à me vanter ses chevaux, à me faire leur généalogie, à me conter les prix qu'ils avaient gagnés aux courses du département. Enfin il en vint à me parler de sa future[3], par la transition[4] d'une jument grise qu'il lui destinait.

« Nous la verrons aujourd'hui, dit-il. Je ne sais si vous la trouverez jolie. Vous êtes difficiles, à Paris ; mais tout le monde, ici et à Perpignan, la trouve charmante. Le bon, c'est qu'elle est fort riche. Sa tante de Prades lui a laissé son bien. Oh ! je vais être fort heureux. »

Je fus profondément choqué de voir un jeune homme paraître plus touché de la dot[5] que des beaux yeux de sa future.

---

1. *Diomède* : héros de la mythologie grecque, il blessa Aphrodite (Vénus) pendant la guerre de Troie. Pour punition, il fut contraint de s'enfuir en Italie où il mourut pendant que ses compagnons étaient métamorphosés en oiseaux apprivoisés.

2. *Cet entretien classique* : cet entretien sur l'Antiquité, sur l'époque classique.

3. *Sa future* : sa future femme.

4. *Par la transition* : par le biais.

5. *Dot* : bien qu'une femme apporte à son mari au moment du mariage.

«Vous vous connaissez en bijoux, poursuivit M. Alphonse, comment trouvez-vous ceci? Voici l'anneau que je lui donnerai demain.»

En parlant ainsi, il tirait de la première phalange de son petit doigt une grosse bague enrichie de diamants, et formée de deux mains entrelacées; allusion qui me parut infiniment poétique. Le travail en était ancien, mais je jugeai qu'on l'avait retouchée pour enchâsser[1] les diamants. Dans l'intérieur de la bague se lisaient ces mots en lettres gothiques : *Sempr' ab ti*, c'est-à-dire, «toujours avec toi».

«C'est une jolie bague, lui dis-je; mais ces diamants ajoutés lui ont fait perdre un peu de son caractère.

– Oh! elle est bien plus belle comme cela, répondit-il en souriant. Il y a là pour douze cents francs de diamants. C'est ma mère qui me l'a donnée. C'était une bague de famille, très ancienne… du temps de la chevalerie. Elle avait servi à ma grand-mère, qui la tenait de la sienne. Dieu sait quand cela a été fait.

– L'usage à Paris, lui dis-je, est de donner un anneau tout simple, ordinairement composé de deux métaux différents, comme de l'or et du platine[2]. Tenez, cette autre bague, que vous avez à ce doigt, serait fort convenable. Celle-ci, avec ses diamants et ses mains en relief, est si grosse, qu'on ne pourrait mettre un gant par-dessus.

– Oh! Mme Alphonse s'arrangera comme elle voudra. Je crois qu'elle sera toujours bien contente de l'avoir. Douze cents francs au doigt, c'est agréable. Cette petite bague-là, ajouta-t-il en regardant d'un air de satisfaction l'anneau tout uni qu'il portait à la main, celle-là, c'est une femme à Paris qui me l'a donnée un jour de mardi gras. Ah! comme je m'en suis donné[3] quand j'étais à Paris, il y a deux ans! C'est là qu'on s'amuse!…» Et il soupira de regret.

---

1. *Enchâsser* : fixer dans une monture.

2. *Platine* : métal précieux.

3. *Je m'en suis donné* : je me suis amusé.

Nous devions dîner ce jour-là à Puygarrig, chez les parents de
550 la future ; nous montâmes en calèche, et nous nous rendîmes au
château, éloigné d'Ille d'environ une lieue et demie. Je fus présenté et accueilli comme l'ami de la famille. Je ne parlerai pas du
dîner ni de la conversation qui s'ensuivit, et à laquelle je pris peu
de part. M. Alphonse, placé à côté de sa future, lui disait un mot
555 à l'oreille tous les quarts d'heure. Pour elle, elle ne levait guère les
yeux, et, chaque fois que son prétendu[1] lui parlait, elle rougissait
avec modestie, mais lui répondait sans embarras.

Mlle de Puygarrig avait dix-huit ans ; sa taille souple et délicate contrastait avec les formes osseuses de son robuste fiancé.
560 Elle était non seulement belle, mais séduisante. J'admirais le
naturel parfait de toutes ses réponses, et son air de bonté, qui
pourtant n'était pas exempt[2] d'une légère teinte de malice, me
rappela, malgré moi, la Vénus de mon hôte. Dans cette comparaison que je fis en moi-même, je me demandais si la supériorité
565 de beauté qu'il fallait bien accorder à la statue ne tenait pas, en
grande partie, à son expression de tigresse ; car l'énergie, même
dans les mauvaises passions, excite toujours en nous un étonnement et une espèce d'admiration involontaire.

« Quel dommage, me dis-je en quittant Puygarrig, qu'une si
570 aimable personne soit riche, et que sa dot la fasse rechercher par
un homme indigne d'elle ! »

En revenant à Ille, et ne sachant trop que dire à Mme de Peyrehorade, à qui je croyais convenable d'adresser quelquefois la
parole :
575 « Vous êtes bien esprits forts[3] en Roussillon ! m'écriai-je ; comment, madame, vous faites un mariage un vendredi[4] ! À Paris

---

1. Son prétendu : son fiancé.
2. Exempt : dénué.
3. Esprits forts : personnes qui rejettent les superstitions ou la religion.
4. Dans la religion chrétienne, on ne se marie pas un vendredi, car c'est le
jour de la mort du Christ.

nous aurions plus de superstition ; personne n'oserait prendre *dare* femme un tel jour.

    – Mon Dieu ! ne m'en parlez pas, me dit-elle, si cela n'avait
580 dépendu que de moi, certes on eût choisi un autre jour. Mais
Peyrehorade l'a voulu, et il a fallu lui céder. Cela me fait de la
peine pourtant. S'il arrivait quelque malheur ? Il faut bien qu'il
y ait une raison, car enfin pourquoi tout le monde a-t-il peur du
vendredi ?

585   – Vendredi ! s'écria son mari, c'est le jour de Vénus[1] ! Bon
jour pour un mariage ! Vous le voyez, mon cher collègue, je ne
pense qu'à ma Vénus. D'honneur[2] ! c'est à cause d'elle que j'ai
choisi le vendredi. Demain, si vous voulez, avant la noce, nous
lui ferons un petit sacrifice ; nous sacrifierons deux palombes[3], et
590 si je savais où trouver de l'encens…

    – Fi donc, Peyrehorade ! interrompit sa femme scandalisée au
dernier point. Encenser une idole ! Ce serait une abomination !
Que dirait-on de nous dans le pays ?

    – Au moins, dit M. de Peyrehorade, tu me permettras de lui
595 mettre sur la tête une couronne de roses et de lis :

               Manibus date lilia plenis[4].

    Vous le voyez, monsieur, la Charte[5] est un vain mot. Nous
n'avons pas la liberté des cultes ! »

    Les arrangements du lendemain furent réglés de la manière
600 suivante. Tout le monde devait être prêt et en toilette à dix heures
précises. Le chocolat pris, on se rendrait en voiture à Puygarrig.
Le mariage civil devait se faire à la mairie du village, et la cérémonie religieuse dans la chapelle du château. Viendrait ensuite
un déjeuner. Après le déjeuner on passerait le temps comme l'on
605 pourrait jusqu'à sept heures. À sept heures, on retournerait à Ille,

---

1. Étymologiquement, le vendredi est le jour de Vénus (*veneris dies* en latin).
2. *D'honneur* : ma parole d'honneur.
3. *Palombes* : oiseaux qui étaient consacrés à Vénus dans l'Antiquité.
4. Virgile, *Énéide*, VI, 883 : «Donnez des lis à pleines mains.»
5. *La Charte* : établie en 1814 et révisée en 1830, la Charte était une constitution assurant la liberté des cultes.

chez M. de Peyrehorade, où devaient souper les deux familles réunies. Le reste s'ensuit naturellement. Ne pouvant danser, on avait voulu manger le plus possible.

610 Dès huit heures j'étais assis devant la Vénus, un crayon à la main, recommençant pour la vingtième fois la tête de la statue, sans pouvoir parvenir à en saisir l'expression. M. de Peyrehorade allait et venait autour de moi, me donnait des conseils, me répétait ses étymologies phéniciennes; puis disposait des roses du Bengale sur le piédestal de la statue, et d'un ton tragi-comique 615 lui adressait des vœux pour le couple qui allait vivre sous son toit. Vers neuf heures il rentra pour songer à sa toilette, et en même temps parut M. Alphonse, bien serré dans un habit neuf, en gants blancs, souliers vernis, boutons ciselés, une rose à la boutonnière.

620 «Vous ferez le portrait de ma femme? me dit-il en se penchant sur mon dessin. Elle est jolie aussi.»

En ce moment commençait, sur le jeu de paume dont j'ai parlé, une partie qui, sur-le-champ, attira l'attention de M. Alphonse. Et moi, fatigué, et désespérant de rendre[1] cette diabolique figure, je 625 quittai bientôt mon dessin pour regarder les joueurs. Il y avait parmi eux quelques muletiers[2] espagnols arrivés de la veille. C'étaient des Aragonais et des Navarrois[3], presque tous d'une adresse merveilleuse. Aussi les Illois, bien qu'encouragés par la présence et les conseils de M. Alphonse, furent-ils assez promp- 630 tement battus par ces nouveaux champions. Les spectateurs nationaux étaient consternés. M. Alphonse regarda à sa montre. Il n'était encore que neuf heures et demie. Sa mère n'était pas coiffée. Il n'hésita plus : il ôta son habit, demanda une veste, et défia les Espagnols. Je le regardais faire en souriant, et un peu 635 surpris.

«Il faut soutenir l'honneur du pays», dit-il.

1. *Rendre* : restituer de façon fidèle.
2. *Muletiers* : conducteurs de mulets.
3. *Aragonais*, *Navarrois* : habitants de l'Aragon et de la Navarre (Espagne).

Alors je le trouvai vraiment beau. Il était passionné. Sa toilette, qui l'occupait si fort tout à l'heure, n'était plus rien pour lui. Quelques minutes avant il eût craint de tourner la tête de peur de
640 déranger sa cravate. Maintenant il ne pensait plus à ses cheveux frisés ni à son jabot[1] si bien plissé. Et sa fiancée?… Ma foi, si cela eût été nécessaire, il aurait, je crois, fait ajourner le mariage. Je le vis chausser à la hâte une paire de sandales, retrousser ses manches, et, d'un air assuré, se mettre à la tête du parti vaincu,
645 comme César ralliant ses soldats à Dyrrachium[2]. Je sautai la haie, et me plaçai commodément à l'ombre d'un micocoulier[3], de façon à bien voir les deux camps.

Contre l'attente générale, M. Alphonse manqua la première balle; il est vrai qu'elle vint rasant la terre et lancée avec une
650 force surprenante par un Aragonais qui paraissait être le chef des Espagnols.

C'était un homme d'une quarantaine d'années, sec et nerveux, haut de six pieds, et sa peau olivâtre avait une teinte presque aussi foncée que le bronze de la Vénus.

655 M. Alphonse jeta sa raquette à terre avec fureur.

«C'est cette maudite bague, s'écria-t-il, qui me serre le doigt, et me fait manquer une balle sûre!»

Il ôta, non sans peine, sa bague de diamants : je m'approchais pour la recevoir; mais il me prévint[4], courut à la Vénus, lui
660 passa la bague au doigt annulaire, et reprit son poste à la tête des Illois.

Il était pâle, mais calme et résolu. Dès lors il ne fit plus une seule faute, et les Espagnols furent battus complètement. Ce fut un beau spectacle que l'enthousiasme des spectateurs : les uns

---

1. *Jabot* : plissé de dentelle qui part du col et s'étale sur le devant de la chemise.

2. *Dyrrachium* : ville de l'actuelle Albanie où, en 48 av. J.-C., Pompée battit César.

3. *Micocoulier* : variété d'orme répandue dans le Midi.

4. *Il me prévint* : il me devança.

poussaient mille cris de joie en jetant leurs bonnets en l'air ; d'autres lui serraient les mains, l'appelant l'honneur du pays. S'il eût repoussé une invasion, je doute qu'il eût reçu des félicitations plus vives et plus sincères. Le chagrin des vaincus ajoutait encore à l'éclat de sa victoire.

«Nous ferons d'autres parties, mon brave, dit-il à l'Aragonais d'un ton de supériorité ; mais je vous rendrai des points[1].»

J'aurais désiré que M. Alphonse fût plus modeste, et je fus presque peiné de l'humiliation de son rival.

Le géant espagnol ressentit profondément cette insulte. Je le vis pâlir sous sa peau basanée. Il regardait d'un air morne[2] sa raquette en serrant les dents ; puis, d'une voix étouffée, il dit tout bas : *Me lo pagarás*[3].

La voix de M. de Peyrehorade troubla le triomphe de son fils ; mon hôte, fort étonné de ne point le trouver présidant aux apprêts[4] de la calèche neuve, le fut bien plus encore en le voyant tout en sueur, la raquette à la main. M. Alphonse courut à la maison, se lava la figure et les mains, remit son habit neuf et ses souliers vernis, et cinq minutes après nous étions au grand trot sur la route de Puygarrig. Tous les joueurs de paume de la ville et grand nombre de spectateurs nous suivirent avec des cris de joie. À peine les chevaux vigoureux qui nous traînaient pouvaient-ils maintenir leur avance sur ces intrépides Catalans.

Nous étions à Puygarrig, et le cortège allait se mettre en marche pour la mairie, lorsque M. Alphonse, se frappant le front, me dit tout bas :

«Quelle brioche[5] ! J'ai oublié la bague ! Elle est au doigt de la Vénus, que le diable puisse emporter ! Ne le dites pas à ma mère au moins. Peut-être qu'elle ne s'apercevra de rien.

---

1. *Je vous rendrai des points* : «rendre des points» consiste à donner des points d'avance à un adversaire que l'on juge inférieur.
2. *Morne* : abattu, d'une tristesse sombre.
3. *Me lo pagarás* : «Tu me le paieras.»
4. *Présidant aux apprêts* : surveillant les préparatifs.
5. *Quelle brioche* : quelle bévue, quelle sottise.

– Vous pourriez envoyer quelqu'un, lui dis-je.

695 – Bah! mon domestique est resté à Ille. Ceux-ci, je ne m'y fie
guère. Douze cents francs de diamants! cela pourrait en tenter
plus d'un. D'ailleurs que penserait-on ici de ma distraction? Ils
se moqueraient trop de moi. Ils m'appelleraient le mari de la statue... Pourvu qu'on ne me la vole pas! Heureusement que l'idole
700 fait peur à mes coquins[1]. Ils n'osent l'approcher à longueur de
bras. Bah! ce n'est rien; j'ai une autre bague.»

Les deux cérémonies civile et religieuse s'accomplirent avec
la pompe[2] convenable; et Mlle de Puygarrig reçut l'anneau
d'une modiste[3] de Paris, sans se douter que son fiancé lui fai-
705 sait le sacrifice d'un gage amoureux. Puis on se mit à table,
où l'on but, mangea, chanta même, le tout fort longuement. Je
souffrais pour la mariée de la grosse[4] joie qui éclatait autour
d'elle; pourtant elle faisait meilleure contenance[5] que je ne
l'aurais espéré, et son embarras n'était ni de la gaucherie ni de
710 l'affectation[6].

Peut-être le courage vient-il avec les situations difficiles.

Le déjeuner terminé quand il plut à Dieu, il était quatre heures; les hommes allèrent se promener dans le parc, qui était
magnifique, ou regardèrent danser sur la pelouse du château les
715 paysannes de Puygarrig, parées de leurs habits de fête. De la
sorte, nous employâmes quelques heures. Cependant les femmes
étaient fort empressées autour de la mariée, qui leur faisait admi-
rer sa corbeille[7]. Puis elle changea de toilette, et je remarquai

---

1. Coquins : chenapans, petits voyous.

2. Pompe : cérémonial.

3. Modiste : personne qui confectionne et vend des chapeaux.

4. Grosse : grossière, vulgaire.

5. Elle faisait meilleure contenance : elle faisait bonne figure, elle ne laissait pas paraître ses sentiments.

6. Affectation : manque de naturel, de sincérité.

7. Sa corbeille : les cadeaux offerts aux mariés étaient placés dans une corbeille.

qu'elle couvrit ses beaux cheveux d'un bonnet et d'un chapeau à
720 plumes, car les femmes n'ont rien de plus pressé que de prendre,
aussitôt qu'elles le peuvent, les parures que l'usage leur défend
de porter quand elles sont encore demoiselles.

Il était près de huit heures quand on se disposa à partir pour
Ille. Mais d'abord eut lieu une scène pathétique. La tante de
725 Mlle de Puygarrig, qui lui servait de mère, femme très âgée et
fort dévote[1], ne devait point aller avec nous à la ville. Au départ,
elle fit à sa nièce un sermon touchant sur ses devoirs d'épouse,
duquel sermon résulta un torrent de larmes et des embrasse-
ments sans fin. M. de Peyrehorade comparait cette séparation à
730 l'enlèvement des Sabines[2]. Nous partîmes pourtant, et, pendant
la route, chacun s'évertua pour distraire la mariée et la faire rire ;
mais ce fut en vain.

À Ille, le souper nous attendait, et quel souper ! Si la grosse
joie du matin m'avait choqué, je le fus bien davantage des équi-
735 voques[3] et des plaisanteries dont le marié et la mariée surtout
furent l'objet. Le marié, qui avait disparu un instant avant de se
mettre à table, était pâle et d'un sérieux de glace. Il buvait à chaque instant du vieux vin de Collioure[4] presque aussi fort que de
l'eau-de-vie. J'étais à côté de lui, et me crus obligé de l'avertir :
740 « Prenez garde ! on dit que le vin… »

Je ne sais quelle sottise je lui dis pour me mettre à l'unisson
des convives.

Il me poussa le genou, et très bas il me dit :

« Quand on se lèvera de table…, que je puisse vous dire deux
745 mots. »

---

1. Dévote : très pieuse.
2. L'enlèvement des Sabines : lors de la fondation de Rome, les Romains,
qui manquaient de femmes, enlevèrent les jeunes filles d'un peuple voisin,
les Sabins.
3. Équivoques : ici, jeux de mots et sous-entendus de mauvais goût.
4. Collioure : ville des Pyrénées-Orientales réputée pour ses vins rouges (essentiellement).

Son ton solennel me surprit. Je le regardai plus attentivement, et je remarquai l'étrange altération[1] de ses traits.

«Vous sentez-vous indisposé[2]? lui demandai-je.

– Non.»

750 Et il se remit à boire.

Cependant, au milieu des cris et des battements de mains, un enfant de onze ans, qui s'était glissé sous la table, montrait aux assistants un joli ruban blanc et rose qu'il venait de détacher de la cheville de la mariée. On appelle cela sa jarretière. Elle 755 fut aussitôt coupée par morceaux et distribuée aux jeunes gens, qui en ornèrent leur boutonnière, suivant un antique usage qui se conserve encore dans quelques familles patriarcales[3]. Ce fut pour la mariée une occasion de rougir jusqu'au blanc des yeux. Mais son trouble fut au comble lorsque M. de Peyrehorade, ayant 760 réclamé le silence, lui chanta quelques vers catalans, impromptus[4], disait-il. En voici le sens, si je l'ai bien compris :

«Qu'est-ce donc, mes amis? Le vin que j'ai bu me fait-il voir double? Il y a deux Vénus ici…»

frightened

Le marié tourna brusquement la tête d'un air effaré, qui fit 765 rire tout le monde.

«Oui, poursuivit M. de Peyrehorade, il y a deux Vénus sous mon toit. L'une, je l'ai trouvée dans la terre comme une truffe; l'autre, descendue des cieux, vient de nous partager sa ceinture.»

770 Il voulait dire sa jarretière.

«Mon fils, choisis de la Vénus romaine ou de la catalane celle que tu préfères. Le maraud prend la catalane, et sa part est la meilleure. La romaine est noire, la catalane est blanche. La romaine est froide, la catalane enflamme tout ce qui 775 l'approche.»

---

1. *Altération* : transformation marquant le souci, la tristesse.

2. *Vous sentez-vous indisposé ?* : vous sentez-vous mal ? Êtes-vous pris de nausée ?

3. *Patriarcales* : où le père, figure centrale, incarne l'autorité.

4. *Impromptus* : improvisés.

Cette chute[1] excita un tel hourra, des applaudissements si bruyants et des rires si sonores, que je crus que le plafond allait nous tomber sur la tête. Autour de la table il n'y avait que trois visages sérieux, ceux des mariés et le mien. J'avais un grand mal de tête ; et puis, je ne sais pourquoi, un mariage m'attriste toujours. Celui-là, en outre, me dégoûtait un peu.

Les derniers couplets ayant été chantés par l'adjoint du maire, et ils étaient fort lestes[2], je dois le dire, on passa dans le salon pour jouir du départ de la mariée, qui devait être bientôt conduite à sa chambre, car il était près de minuit.

M. Alphonse me tira dans l'embrasure[3] d'une fenêtre, et me dit en détournant les yeux :

«Vous allez vous moquer de moi... Mais je ne sais ce que j'ai... je suis ensorcelé ! le diable m'emporte !»

La première pensée qui me vint fut qu'il se croyait menacé de quelque malheur du genre de ceux dont parlent Montaigne et Mme de Sévigné[4] :

«Tout l'empire amoureux est plein d'histoires tragiques», etc.

Je croyais que ces sortes d'accidents n'arrivaient qu'aux gens d'esprit, me dis-je à moi-même.

«Vous avez trop bu de vin de Collioure, mon cher monsieur Alphonse, lui dis-je. Je vous avais prévenu.

– Oui, peut-être. Mais c'est quelque chose de bien plus terrible.»

Il avait la voix entrecoupée. Je le crus tout à fait ivre.

«Vous savez bien mon anneau ? poursuivit-il après un silence.

– Eh bien ! on l'a pris ?

---

1. *Chute* : formule spirituelle qui conclut un discours.
2. *Lestes* : légers, osés.
3. *Embrasure* : renfoncement du mur dans lequel a été percée une fenêtre.
4. Il s'agit de l'impossibilité pour un homme d'accomplir son devoir conjugal, auquel font allusion Montaigne (*Essais*, livre I) et Mme de Sévigné (lettre du 8 avril 1671). La phrase qui suit est empruntée à cette dernière.

– Non.

805 – En ce cas, vous l'avez ?

– Non… je… je ne puis l'ôter du doigt de cette diable de Vénus.

– Bon ! vous n'avez pas tiré assez fort.

– Si fait… Mais la Vénus… elle a serré le doigt. »

810 Il me regardait fixement d'un air hagard[1], s'appuyant à l'espagnolette[2] pour ne pas tomber.

« Quel conte ! lui dis-je. Vous avez trop enfoncé l'anneau. Demain vous l'aurez avec des tenailles. Mais prenez garde de gâter la statue.

815 – Non, vous dis-je. Le doigt de la Vénus est retiré, reployé ; elle serre la main, m'entendez-vous ?… C'est ma femme, apparemment, puisque je lui ai donné mon anneau… Elle ne veut plus le rendre. »

J'éprouvai un frisson subit, et j'eus un instant la chair de 820 poule. Puis, un grand soupir qu'il fit m'envoya une bouffée de vin, et toute émotion disparut.

Le misérable, pensai-je, est complètement ivre.

« Vous êtes antiquaire, monsieur, ajouta le marié d'un ton lamentable ; vous connaissez ces statues-là… il y a peut-être quel-825 que ressort, quelque diablerie, que je ne connais point… Si vous alliez voir ?

– Volontiers, dis-je. Venez avec moi.

– Non, j'aime mieux que vous y alliez seul. »

Je sortis du salon.

830 Le temps avait changé pendant le souper, et la pluie commençait à tomber avec force. J'allais demander un parapluie, lorsqu'une réflexion m'arrêta. Je serais un bien grand sot, me dis-je, d'aller vérifier ce que m'a dit un homme ivre ! Peut-être, d'ailleurs, a-t-il voulu me faire quelque méchante plaisanterie

---

1. Hagard : affolé, égaré.
2. Espagnolette : poignée de la fenêtre.

835 pour apprêter à rire[1] à ces honnêtes provinciaux ; et le moins
qu'il puisse m'en arriver, c'est d'être trempé jusqu'aux os et d'at-
traper un bon rhume.

De la porte je jetai un coup d'œil sur la statue ruisselante
d'eau, et je montai dans ma chambre sans rentrer dans le salon. Je
840 me couchai ; mais le sommeil fut long à venir. Toutes les scènes de
la journée se représentaient à mon esprit. Je pensais à cette jeune
fille si belle et si pure abandonnée à un ivrogne brutal. Quelle
odieuse chose, me disais-je, qu'un mariage de convenance ! Un
maire revêt une écharpe tricolore, un curé une étole[2], et voilà la
845 plus honnête fille du monde livrée au Minotaure[3] ! Deux êtres qui
ne s'aiment pas, que peuvent-ils se dire dans un pareil moment,
que deux amants achèteraient au prix de leur existence ? Une
femme peut-elle jamais aimer un homme qu'elle aura vu grossier
une fois ? Les premières impressions ne s'effacent pas, et j'en suis
850 sûr, ce M. Alphonse méritera bien d'être haï…

Durant mon monologue, que j'abrège beaucoup, j'avais
entendu force allées et venues dans la maison, les portes s'ouvrir
et se fermer, des voitures partir ; puis il me semblait avoir entendu
sur l'escalier les pas légers de plusieurs femmes se dirigeant vers
855 l'extrémité du corridor opposé à ma chambre. C'était probablement le cortège de la mariée qu'on menait au lit. Ensuite on avait
redescendu l'escalier. La porte de Mme de Peyrehorade s'était
fermée. Que cette pauvre fille, me dis-je, doit être troublée et mal
à son aise ! Je me tournais dans mon lit de mauvaise humeur.
860 Un garçon[4] joue un sot rôle dans une maison où s'accomplit un
mariage.

Le silence régnait depuis quelque temps lorsqu'il fut troublé
par des pas lourds qui montaient l'escalier. Les marches de bois
craquèrent fortement.

1. *Pour apprêter à rire* : pour donner à rire.
2. *Étole* : sorte d'étoffe que le prêtre porte autour du cou.
3. *Minotaure* : ce monstre de la mythologie grecque, mi-homme, mi-taureau,
exigeait qu'on lui livre chaque année sept jeunes gens et sept jeunes filles.
4. *Un garçon* : un célibataire.

865 «Quel butor[1] ! m'écriai-je. Je parie qu'il va tomber dans l'escalier.»

Tout redevint tranquille. Je pris un livre pour changer le cours de mes idées. C'était une statistique du département, ornée d'un mémoire de M. de Peyrehorade sur les monuments druidiques[2] de 870 l'arrondissement de Prades. Je m'assoupis à la troisième page.

Je dormis mal et me réveillai plusieurs fois. Il pouvait être cinq heures du matin, et j'étais éveillé depuis plus de vingt minutes lorsque le coq chanta. Le jour allait se lever. Alors j'entendis distinctement les mêmes pas lourds, le même craquement de l'es-875 calier que j'avais entendus avant de m'endormir. Cela me parut singulier. J'essayai, en bâillant, de deviner pourquoi M. Alphonse se levait si matin[3]. Je n'imaginais rien de vraisemblable. J'allais refermer les yeux lorsque mon attention fut de nouveau excitée par des trépignements étranges auxquels se mêlèrent bientôt le 880 tintement des sonnettes et le bruit de portes qui s'ouvraient avec fracas, puis je distinguai des cris confus.

Mon ivrogne aura mis le feu quelque part ! pensais-je en sautant à bas de mon lit.

Je m'habillai rapidement et j'entrai dans le corridor. De l'ex-885 trémité opposée partaient des cris et des lamentations, et une voix déchirante dominait toutes les autres : «Mon fils ! mon fils ! » Il était évident qu'un malheur était arrivé à M. Alphonse. Je courus à la chambre nuptiale : elle était pleine de monde. Le premier spectacle qui frappa ma vue fut le jeune homme à 890 demi vêtu, étendu en travers sur le lit dont le bois était brisé. Il était livide, sans mouvement. Sa mère pleurait et criait à côté de lui. M. de Peyrehorade s'agitait, lui frottait les tempes avec de l'eau de Cologne, ou lui mettait des sels sous le nez. Hélas ! depuis longtemps son fils était mort. Sur un canapé, à

---

1. Butor : homme grossier.

2. Druidiques : propres aux druides, prêtres gaulois.

3. Si matin : de si bon matin.

895 l'autre bout de la chambre, était la mariée, en proie à d'horribles convulsions. Elle poussait des cris inarticulés, et deux robustes servantes avaient toutes les peines du monde à la contenir.

«Mon Dieu! m'écriai-je, qu'est-il donc arrivé?»

900 Je m'approchai du lit et soulevai le corps du malheureux jeune homme; il était déjà roide et froid. Ses dents serrées et sa figure noircie exprimaient les plus affreuses angoisses. Il paraissait assez que sa mort avait été violente et son agonie terrible. Nulle trace de sang cependant sur ses habits. J'écartai sa chemise
905 et vis sur sa poitrine une empreinte livide qui se prolongeait sur les côtes et le dos. On eût dit qu'il avait été étreint dans un cercle de fer. Mon pied posa sur quelque chose de dur qui se trouvait sur le tapis; je me baissai et vis la bague de diamants.

J'entraînai M. de Peyrehorade et sa femme dans leur chambre; puis j'y fis porter la mariée. «Vous avez encore une fille, leur dis-je, vous lui devez vos soins.» Alors je les laissai seuls.

Il ne me paraissait pas douteux que M. Alphonse n'eût été victime d'un assassinat dont les auteurs avaient trouvé moyen de s'introduire la nuit dans la chambre de la mariée. Ces meurtrissures à la poitrine, leur direction circulaire m'embarrassaient beaucoup pourtant, car un bâton ou une barre de fer n'aurait pu les produire. Tout d'un coup je me souvins d'avoir entendu dire qu'à Valence[1] des braves[2] se servaient de longs sacs de cuir remplis de sable fin pour assommer les gens dont on leur avait payé la mort. Aussitôt je me rappelai le muletier aragonais et sa menace; toutefois j'osais à peine penser qu'il eût tiré une si terrible vengeance d'une plaisanterie légère.

J'allais dans la maison, cherchant partout des traces d'effraction, et n'en trouvant nulle part. Je descendis dans le jardin
925 pour voir si les assassins avaient pu s'introduire de ce côté; mais

---

1. Valence : il s'agit de la ville espagnole, Valencia.
2. Braves : tueurs à gages.

je ne trouvai aucun indice certain. La pluie de la veille avait d'ailleurs tellement détrempé le sol, qu'il n'aurait pu garder d'empreinte bien nette. J'observai pourtant quelques pas profondément imprimés dans la terre : il y en avait dans deux direc-
930 tions contraires, mais sur une même ligne, partant de l'angle de la haie contiguë[1] au jeu de paume et aboutissant à la porte de la maison. Ce pouvaient être les pas de M. Alphonse lorsqu'il était allé chercher son anneau au doigt de la statue. D'un autre côté, la haie, en cet endroit, étant moins fourrée qu'ailleurs, ce devait
935 être sur ce point que les meurtriers l'auraient franchie. Passant et repassant devant la statue, je m'arrêtai un instant pour la considérer. Cette fois, je l'avouerai, je ne pus contempler sans effroi son expression de méchanceté ironique ; et, la tête toute pleine des scènes horribles dont je venais d'être le témoin, il me sembla
940 voir une divinité infernale applaudissant au malheur qui frappait cette maison.

Je regagnai ma chambre et j'y restai jusqu'à midi. Alors je sortis et demandai des nouvelles de mes hôtes. Ils étaient un peu plus calmes. Mlle de Puygarrig, je devrais dire la veuve de
945 M. Alphonse, avait repris connaissance. Elle avait même parlé au procureur du roi de Perpignan, alors en tournée à Ille, et ce magistrat avait reçu sa déposition. Il me demanda la mienne. Je lui dis ce que je savais, et ne lui cachai pas mes soupçons contre le muletier aragonais. Il ordonna qu'il fût arrêté sur-le-champ.

950 « Avez-vous appris quelque chose de Mme Alphonse ? demandai-je au procureur du roi, lorsque ma déposition fut écrite et signée.

– Cette malheureuse jeune personne est devenue folle, me dit-il en souriant tristement. Folle ! tout à fait folle. Voici ce qu'elle
955 conte :

Elle était couchée, dit-elle, depuis quelques minutes, les rideaux tirés, lorsque la porte de sa chambre s'ouvrit, et quelqu'un

---

1. Contiguë : qui touche.

entra. Alors Mme Alphonse était dans la ruelle[1] du lit, la figure tournée vers la muraille. Elle ne fit pas un mouvement, persua-
960 dée que c'était son mari. Au bout d'un instant, le lit cria comme s'il était chargé d'un poids énorme. Elle eut grand-peur, mais n'osa pas tourner la tête. Cinq minutes, dix minutes peut-être… elle ne peut se rendre compte du temps, se passèrent de la sorte. Puis elle fit un mouvement involontaire, ou bien la personne qui
965 était dans le lit en fit un, et elle sentit le contact de quelque chose de froid comme la glace, ce sont ses expressions. Elle s'enfonça dans la ruelle tremblant de tous ses membres. Peu après, la porte s'ouvrit une seconde fois, et quelqu'un entra, qui dit : Bonsoir, ma petite femme. Bientôt après on tira les rideaux. Elle entendit
970 un cri étouffé. La personne qui était dans le lit, à côté d'elle, se leva sur son séant[2] et parut étendre les bras en avant. Elle tourna la tête alors… et vit, dit-elle, son mari à genoux auprès du lit, la tête à la hauteur de l'oreiller, entre les bras d'une espèce de géant verdâtre qui l'étreignait avec force. Elle dit, et m'a répété
975 vingt fois, pauvre femme !… elle dit qu'elle a reconnu… devinez-vous ? La Vénus de bronze, la statue de M. de Peyrehorade… Depuis qu'elle est dans le pays, tout le monde en rêve. Mais je reprends le récit de la malheureuse folle. À ce spectacle, elle perdit connaissance, et probablement depuis quelques instants
980 elle avait perdu la raison. Elle ne peut en aucune façon dire combien de temps elle demeura évanouie. Revenue à elle, elle revit le fantôme, ou la statue, comme elle dit toujours, immobile, les jambes et le bas du corps dans le lit, le buste et les bras étendus en avant, et entre ses bras son mari, sans mouvement. Un coq
985 chanta. Alors la statue sortit du lit, laissa tomber le cadavre et sortit. Mme Alphonse se pendit[3] à la sonnette, et vous savez le reste. »

---

1. *Ruelle* : espace situé entre le côté du lit et le mur, étroit comme une «ruelle».
2. *Se leva sur son séant* : s'assit.
3. *Se pendit* : se suspendit.

On amena l'Espagnol; il était calme, et se défendit avec beaucoup de sang-froid et de présence d'esprit. Du reste, il ne nia
990   pas le propos que j'avais entendu; mais il l'expliquait, prétendant qu'il n'avait voulu dire autre chose, sinon que le lendemain,
reposé qu'il serait, il aurait gagné une partie de paume à son
vainqueur. Je me rappelle qu'il ajouta :

«Un Aragonais, lorsqu'il est outragé, n'attend pas au lende-
995   main pour se venger. Si j'avais cru que M. Alphonse eût voulu
m'insulter, je lui aurais sur-le-champ donné de mon couteau dans
le ventre.»

On compara ses souliers avec les empreintes de pas dans le
jardin; ses souliers étaient beaucoup plus grands.
1000   Enfin l'hôtelier chez qui cet homme était logé assura qu'il
avait passé toute la nuit à frotter et à médicamenter un de ses
mulets qui était malade.

D'ailleurs cet Aragonais était un homme bien famé[1], fort
connu dans le pays, où il venait tous les ans pour son commerce.
1005   On le relâcha donc en lui faisant des excuses.

J'oubliais la déposition d'un domestique qui le dernier avait
vu M. Alphonse vivant. C'était au moment qu'il allait monter
chez sa femme, et, appelant cet homme, il lui demanda d'un air
d'inquiétude s'il savait où j'étais. Le domestique répondit qu'il
1010   ne m'avait point vu. Alors M. Alphonse fit un soupir et resta plus
d'une minute sans parler, puis il dit : *Allons! le diable l'aura
emporté aussi!*

Je demandai à cet homme si M. Alphonse avait sa bague de
diamants lorsqu'il lui parla. Le domestique hésita pour répon-
1015   dre; enfin il dit qu'il ne le croyait pas, qu'il n'y avait fait au reste
aucune attention. «S'il avait eu cette bague au doigt, ajouta-t-il en
se reprenant, je l'aurais sans doute remarquée, car je croyais qu'il
l'avait donnée à Mme Alphonse.»

---

1. Bien famé : de bonne réputation.

En questionnant cet homme je ressentais un peu de la terreur
superstitieuse que la déposition de Mme Alphonse avait répandue dans toute la maison. Le procureur du roi me regarda en
souriant, et je me gardai bien d'insister.

Quelques heures après les funérailles de M. Alphonse, je me
disposai à quitter Ille. La voiture de M. de Peyrehorade devait
me conduire à Perpignan. Malgré son état de faiblesse, le pauvre
vieillard voulut m'accompagner jusqu'à la porte de son jardin.
Nous le traversâmes en silence, lui se traînant à peine, appuyé sur
mon bras. Au moment de nous séparer, je jetai un dernier regard
sur la Vénus. Je prévoyais bien que mon hôte, quoiqu'il ne parta-
geât point les terreurs et les haines qu'elle inspirait à une partie
de sa famille, voudrait se défaire d'un objet qui lui rappellerait
sans cesse un malheur affreux. Mon intention était de l'engager à
la placer dans un musée. J'hésitais pour entrer en matière, quand
M. de Peyrehorade tourna machinalement la tête du côté où il
me voyait regarder fixement. Il aperçut la statue et aussitôt fondit
en larmes. Je l'embrassai, et, sans oser lui dire un seul mot, je
montai dans la voiture.

Depuis mon départ je n'ai point appris que quelque jour nouveau[1] soit venu éclairer cette mystérieuse catastrophe.

M. de Peyrehorade mourut quelques mois après son fils. Par
son testament il m'a légué ses manuscrits, que je publierai peut-
être un jour. Je n'y ai point trouvé le mémoire relatif aux inscriptions de la Vénus.

P.-S. – Mon ami M. de P. vient de m'écrire de Perpignan que
la statue n'existe plus. Après la mort de son mari, le premier soin
de Mme de Peyrehorade fut de la faire fondre en cloche, et sous
cette nouvelle forme elle sert à l'église d'Ille. Mais, ajoute M. de
P., il semble qu'un mauvais sort poursuive ceux qui possèdent ce
bronze. Depuis que cette cloche sonne à Ille, les vignes ont gelé
deux fois.

---

1. ***Quelque jour nouveau*** : un nouvel éclaircissement quelconque.

■ *Notre-Dame de la Délivrance*,
Vierge noire du XIVe siècle
(Congrégation
des sœurs hospitalières
de Saint-Thomas de Villeneuve).

DR

DOSSIER

Avez-vous bien lu ?

Dix questions lexicales

1. Qu'est-ce qu'un « antiquaire » au sens actuel ? au sens où le mot est employé dans la nouvelle ?

2. Une lieue = ... kilomètres ?

3. « Quelle brioche ! » signifie « quelle .... ! » (c'est l'expression qu'utilise Alphonse lorsqu'il réalise son oubli au moment de se rendre à l'église).

4. Qu'est-ce qu'une « ruelle », quand ce n'est pas une petite rue ?

5. Qu'est-ce que le « vin de Collioure » ? le « jeu de paume » ?

6. Après sa défaite au jeu de paume, l'Aragonais marmonne en espagnol : « *Me lo pagarás* ». Que signifie cette expression ?

7. Que signifient les expressions « faire l'esprit fort », « être un esprit fort » ?

8. Qu'est-ce qu'une « offrande expiatoire » ?

9. Que sont des « besicles » ?

10. Qu'est-ce qu'un « Terme » ?

Dix questions de repérage (mémorisation du récit)

1. Qu'est-ce que le Canigou ?

2. « C'est Vénus tout entière à sa proie attachée » : d'où provient cette citation ?

3. Combien de repas le narrateur prend-il en compagnie de ses hôtes ?

4. Combien de temps reste-t-il chez les Peyrehorade ?

5. Où est située la chambre qu'occupe le narrateur?

6. Complétez le tableau suivant :

Nom du personnage	Trait, fonction ou épisode permettant de l'identifier
	partenaire habituel d'Alphonse au jeu de paume
Alphonse	
	la «future» de M. Alphonse
	archéologue amateur
Mme de Peyrehorade	
Le narrateur	
Le guide	
	prend les dépositions des témoins
	est battu par M. Alphonse dans une partie improvisée de jeu de paume
Le domestique	

7. Qui, d'emblée, souhaite faire fondre la statue pour la transformer en cloche d'église?

8. Quelle est la cause des traces blanches sur le corps de la statue?

9. De qui M. Alphonse tient-il l'«autre bague» (celle qu'il passe au doigt de sa fiancée)?

10. Quel est l'alibi de l'Aragonais?

Dix questions de compréhension

1. Quand Alphonse lui fait part de ses craintes, que comprend au juste le narrateur?

2. «*Turbul*» donne lieu à deux interprétations différentes : lesquelles? Quelle est celle qui vous paraît la plus pertinente? Pourquoi?

3. Le mariage : célèbre-t-on les *deux* mariages – civil et religieux? Pourquoi les noces ne comportent-elles ni «bal», ni «fête»?

4. À qui le narrateur est-il irrésistiblement tenté de comparer la fiancée de M. Alphonse ?

5. Pourquoi Alphonse demande-t-il au narrateur de taire la mésaventure de la bague oubliée au doigt de la Vénus ?

6. Pourquoi la mariée est-elle d'humeur maussade le jour de ses noces, quand elle quitte Puygarrig pour Ille ?

7. « Voilà la plus honnête fille du monde livrée au Minotaure » : comment expliquer cette réflexion que le narrateur se fait à lui-même ?

8. La mariée entrevoit sur son lit une « espèce de géant verdâtre ». À deux reprises le narrateur évoque une couleur approchante : à quelles occasions exactement et à propos de qui ?

9. Quelle distinction le guide établit-il entre une « idole » et une « Vierge » ?

10. Le narrateur, qui manie savamment les langues, est amené plusieurs fois à traduire le catalan : quand précisément ? (trois occasions).

Composition de la nouvelle

1. Délimitez les différents moments du récit (huit au total, correspondant aux différentes scènes, ou tableaux, qui se succèdent).
Pour vous aider : le narrateur est le seul personnage omniprésent du récit ; en effet, il ne quitte jamais le devant de la scène, ou tout au moins ne s'absente jamais. C'est par lui que nous avons connaissance des faits ; c'est avec son regard que nous sommes amenés à déchiffrer la réalité.
De ce fait, chacune des scènes est déterminée par l'apparition dans le champ de vision du narrateur de personnages nouveaux, ou par leur disparition, provisoire ou définitive.

2. Montrez que la nouvelle est structurée par une alternance de temps forts et de temps faibles. À quel critère avez-vous recours pour les distinguer ?

3. La notion d'événement : le récit se construit comme une succession d'événements toujours plus intenses, saisissants, voire violents. Montrez-le.

4. Résumez la nouvelle en trente lignes, en tenant compte des réponses apportées aux questions précédentes.

L'*incipit* de la nouvelle

Étude du texte

Du début à « du temps de Charlemagne, quoi ! », l. 1-60, p. 41-43.

1. La théâtralité du passage

A. À une scène de quel genre théâtral cet échange verbal entre le narrateur et son guide peut-il faire penser ?

B. En quoi les deux protagonistes diffèrent-ils fondamentalement ? Dans quelle mesure peut-on dire qu'ils forment une sorte de couple conventionnel ? À quels autres couples célèbres de la littérature peuvent-ils faire penser ?

C. Comment les deux personnages s'y prennent-ils pour en imposer l'un à l'autre ?

D. Dans quel passage de cette « scène » pourrait-on dire que le lecteur-spectateur est convié à du « théâtre dans le théâtre » ?

E. Pour l'ensemble du texte, peut-on parler de scène d'exposition ? Définissez cette notion.

F. Comment caractériseriez-vous la gestuelle du guide ? Utilisez un adjectif, dont vous justifierez l'emploi.

2. Éléments de narratologie

A. Le cadre spatio-temporel du récit : montrez qu'il est d'emblée nettement délimité. Relevez les connecteurs spatiaux et temporels.

B. Le système des personnages : quels personnages le narrateur choisit-il de nous montrer d'abord ? Comment pouvez-vous justifier son choix ?

C. L'intrigue (ou « amorce ») est très discrètement introduite, suggérée par le narrateur : de quels éléments disposons-nous à cet égard ?

D. Qui raconte l'histoire ? Comment appelle-t-on ce type de narrateur ?

E. À travers le regard de qui, de quel personnage voyons-nous se dérouler les faits ? Quel est le nom de ce procédé ?

3. Profane et sacré

A. Quelle différence y a-t-il entre « croyance » et « superstition » ? Où cette distinction est-elle implicite dans le texte ? À votre avis, de quel type de religiosité le guide est-il plutôt familier ?

B. À quel endroit du passage l'idée d'un phénomène surnaturel est-elle suggérée au lecteur ?

C. À l'exhumation de la statue, l'émotion des villageois, notamment du guide, est extrême. Cette émotion s'explique-t-elle seulement par le sentiment d'avoir découvert un trésor archéologique ?

Récriture

Récrivez au passé le passage suivant : de « Oui, monsieur. M. de Peyrehorade nous dit » à « qu'il avait trouvé un trésor ».

Texte complémentaire : Molière, *Dom Juan* (1665)

Sganarelle tente de morigéner quelque peu son libertin[1] de maître, Dom Juan, qui s'apprête à délaisser Elvire après lui avoir fait renoncer à ses vœux monastiques et l'avoir épousée.

Acte I, scène 2

SGANARELLE. – Ma foi, Monsieur, j'ai toujours ouï[2] dire que c'est une méchante raillerie[3] que de se railler du Ciel, et que les libertins ne font jamais une bonne fin.

DOM JUAN. – Holà, maître sot, vous savez que je vous ai dit que je n'aime pas les faiseurs de remontrances.

SGANARELLE. – Je ne parle pas aussi à vous, Dieu m'en garde, vous savez ce que vous faites, vous, et si vous ne croyez rien, vous avez vos raisons ; mais il y a de certains petits impertinents dans le monde, qui sont libertins sans savoir pourquoi, qui font les esprits forts[4], parce qu'ils croient que cela leur sied[5] bien ; et si j'avais un maître comme cela, je lui dirais fort nettement, le regardant en face : Osez-vous bien ainsi vous jouer au Ciel, et ne tremblez-vous point de vous moquer comme vous faites des choses les plus saintes ? C'est bien à vous, petit ver de terre, petit mirmidon[6] que vous êtes (je parle au maître que j'ai dit), c'est bien à vous à vouloir vous mêler de tourner en raillerie ce que tous les hommes révèrent. Pensez-vous que pour être[7] de qualité, pour avoir une perruque blonde, et bien frisée, des plumes à votre chapeau, un habit bien doré, et des rubans couleur de feu (ce n'est pas à vous que je parle, c'est à l'autre) ; pensez-vous, dis-je, que vous en soyez plus habile homme, que tout vous soit permis, et qu'on n'ose vous dire vos vérités ? Apprenez de moi,

---

1. *Libertin* : voir note 3, p. 10.
2. *Ouï* : entendu.
3. *Raillerie* : moquerie.
4. *Qui font les esprits forts* : qui font les malins.
5. *Sied* : convient.
6. *Mirmidon* : homme minuscule.
7. *Pour être* : parce que vous êtes.

qui suis votre valet, que le Ciel punit tôt ou tard les impies[1], qu'une méchante vie amène une méchante mort, et que…

DOM JUAN. – Paix.

SGANARELLE. – De quoi est-il question ?

DOM JUAN. – Il est question de te dire qu'une beauté me tient au cœur, et qu'entraîné par ses appas[2], je l'ai suivie jusques en cette ville.

SGANARELLE. – Et ne craignez-vous rien, Monsieur, de la mort de ce Commandeur que vous tuâtes il y a six mois ?

DOM JUAN. – Et pourquoi craindre, ne l'ai-je pas bien tué ?

SGANARELLE. – Fort bien, le mieux du monde, et il aurait tort de se plaindre.

DOM JUAN. – J'ai eu ma grâce[3] de cette affaire.

SGANARELLE. – Oui, mais cette grâce n'éteint pas peut-être le ressentiment des parents et des amis, et…

DOM JUAN. – Ah ! n'allons point songer au mal qui nous peut arriver, et songeons seulement à ce qui nous peut donner du plaisir. La personne dont je te parle est une jeune fiancée, la plus agréable du monde, qui a été conduite ici par celui même qu'elle y vient épouser ; et le hasard me fit voir ce couple d'amants, trois ou quatre jours avant leur voyage. Jamais je n'ai vu deux personnes être si contents l'un de l'autre, et faire éclater plus d'amour. La tendresse visible de leurs mutuelles ardeurs[4] me donna de l'émotion ; j'en fus frappé au cœur, et mon amour commença par la jalousie. Oui, je ne pus souffrir[5] d'abord[6] de les voir si bien ensemble, le dépit alarma mes désirs, et je me figurai un plaisir extrême, à pouvoir troubler leur intelligence[7], et rompre cet attachement, dont la délicatesse de mon cœur se tenait offensée ; mais jusques ici tous mes efforts ont

---

1. *Impies* : personnes qui offensent la religion.
2. *Appas* : charmes.
3. *J'ai eu ma grâce* : j'ai été acquitté.
4. *Ardeurs* : passions.
5. *Souffrir* : tolérer, accepter.
6. *D'abord* : aussitôt.
7. *Intelligence* : entente.

été inutiles, et j'ai recours au dernier remède. Cet époux prétendu doit aujourd'hui régaler sa maîtresse d'une promenade sur mer. Sans t'en avoir rien dit, toutes choses sont préparées pour satisfaire mon amour, et j'ai une petite barque, et des gens, avec quoi fort facilement je prétends enlever la belle.

SGANARELLE. – Ha ! Monsieur…

DOM JUAN. – Hein ?

SGANARELLE. – C'est fort bien à vous, et vous le prenez comme il faut, il n'est rien tel en ce monde, que de se contenter.

DOM JUAN. – Prépare-toi donc à venir avec moi, et prends soin toi-même d'apporter toutes mes armes, afin que… (*Il aperçoit Done Elvire*) Ah ! rencontre fâcheuse. Traître, tu ne m'avais pas dit qu'elle était ici elle-même.

SGANARELLE. – Monsieur, vous ne me l'avez pas demandé.

DOM JUAN. – Est-elle folle de n'avoir pas changé d'habit, et de venir en ce lieu-ci, avec son équipage de campagne[1] ?

1. L'antagonisme de Dom Juan et de Sganarelle : de quelle nature est-il ? Quels en sont les enjeux ? Où est-il particulièrement sensible dans cet extrait ?

2. Repérez les moments comiques : en quoi ce comique consiste-t-il précisément ?

3. Le libertinage : donnez une définition de ce terme à partir de ce passage.

4. Les deux textes (*La Vénus d'Ille* et *Dom Juan*) et les deux conversations (dans chacun des passages étudiés) se rapportent à la question du mariage. Quelle est la fonction de ces deux scènes d'un point de vue dramatique ? Comment le personnage central (le narrateur dans la nouvelle de Mérimée, Dom Juan dans la pièce de Molière) envisage-t-il l'événement à venir ?

---

1. *Équipage de campagne* : tenue de voyage.

Une Vénus équivoque

Étude du texte

De « Je m'accrochai sans trop de façons au cou de la Vénus » à « Mais, à cause des mares, je préfère l'étymologie de νηρός », l. 390-460, p. 57-59.

1. Le discours emphatique[1] ou théâtralisé

A. Dans la discussion entre les deux chercheurs, relevez les procédés qui permettent aux deux interlocuteurs de capter l'attention de l'autre, de maintenir le contact avec l'autre.

B. Dans le discours de M. de Peyrehorade (notamment dans le passage « Vénus turbulente ! [...] messieurs les savants de Paris ! », l. 419-427), étudiez le jeu des pronoms personnels et des déterminants possessifs. Que remarquez-vous ?

C. Dans la réplique de M. de Peyrehorade (« Écoutez bien. [...] une ville phénicienne ! », l. 435-444), étudiez la distribution des mots qui renvoient à la situation d'énonciation (c'est-à-dire qui ne prennent sens que par rapport à l'endroit et au moment où se trouve celui qui les prononce) et ceux qui se rapporte au discours lui-même, à ce qui vient d'être dit. Qu'en déduisez-vous ?

D. « [...] ce mot de Boulternère, que je viens de démontrer d'origine antique, prouve *une chose* bien plus curieuse, *c'est que* Boulternère, avant d'être une ville romaine, a été une ville phénicienne ! » : comment appelle-t-on ce procédé ?

---

1. *Emphatique* : fondé sur l'insistance, la mise en relief.

2. Sciences et mystères

A. Consultez un dictionnaire de latin-français : existe-t-il en latin une autre interprétation que celle proposée par le narrateur pour le mot « *turbulenta* » ? D'où vient précisément ce terme et que peut-on en déduire au sujet de la Vénus ? Cherchez en français moderne des mots de la même famille étymologique.

B. Sur quel principe repose l'analyse de M. de Peyrehorade ? Ce procédé vous paraît-il satisfaisant au plan scientifique ?

C. Pourquoi M. de Peyrehorade éprouve-t-il le besoin de remonter jusqu'au phénicien ? Recherchez qui est le dieu Baal.

D. Montrez que, pour M. de Peyrehorade, il ne saurait y avoir d'explication que cachée et prodigieusement mystérieuse.

E. Essayez vous aussi d'échafauder une théorie linguistique fantaisiste à partir de « *Venus turbul...* ».

3. La figure du faux savant

A. Où la fatuité du personnage est-elle la plus visible dans ce passage ? Montrez que M. de Peyrehorade cherche avant tout à se faire valoir.

B. Par quels procédés grammaticaux réussit-il malgré tout à donner à sa démonstration un vernis scientifique ?

C. Montrez que, tout au long de l'échange avec le nouveau venu, il cherche à en imposer à ce dernier, voire à le réduire au silence. Qu'en déduisez-vous quant à la psychologie du personnage ?

Recherche au CDI

Grand amateur de Rabelais, Mérimée se souvient ici d'un texte célèbre et hautement comique de son prédécesseur, où l'on voit deux faux savants rivaliser de pitrerie, de pédanterie et de vaine érudition en matière linguistique (et théologique[1]) ; retrouvez ce texte et fai-tes-en lecture à vos camarades.

Texte complémentaire : Pierre Benoit, *L'Atlantide* (1920)

Pierre Benoit (1886-1962), bibliothécaire au ministère de l'Instruction publique de 1914 à 1921, est l'auteur d'une quarantaine de romans d'inspiration exotique ; il a été élu à l'Académie française en 1931.
Dans *L'Atlantide*, le capitaine de Saint-Avit raconte à son subordonné, le lieutenant Ferrières, comment il a jadis été amené à tuer un autre officier, le capitaine Morhange...
En mission dans le Hoggar, pays des Touaregs, lui et son compagnon, au cours d'un orage, avaient fait halte dans une grotte. Ils avaient découvert une mystérieuse inscription, transcription probable d'un vocable grec – *Antinéa*. Ils s'étaient enfoncé plus avant en terre inconnue et avaient fini par être capturés puis enfermés dans un palais splendide ; c'est là qu'ils avaient fait la connaissance d'un archiviste illuminé, Le Mesge, qui prétendait savoir le fin mot de l'inscription énigmatique...

«Ces jours-ci, dans deux cavernes, il m'[2] a été donné de décou-vrir une inscription tifinar de ce nom, Antinéa. Mon camarade m'est témoin que je l'avais tenu pour un nom grec. Je comprends mainte-nant, grâce à vous et au divin Platon, qu'il ne faille plus m'étonner d'entendre appeler une barbare d'un nom grec[3]. Mais je n'en reste pas moins perplexe sur l'étymologie de ce vocable. Pouvez-vous éclairer ma religion à ce sujet ?

---

1. *Théologique* : qui concerne la théologie, c'est-à-dire l'étude des formes et manifestations du divin.
2. C'est Morhange qui parle.
3. Le Mesge vient d'expliquer, texte à l'appui (il s'agit du *Critias* de Platon), sa théorie selon laquelle la mythique Atlantide n'avait pas été engloutie sous les eaux mais absorbée par le désert résultant du retrait des eaux.

– Monsieur, répondit M. Le Mesge, je n'y manquerai certainement pas. Que je vous dise à ce propos que vous n'êtes pas le premier à me poser une telle question. Parmi les explorateurs que j'ai vus entrer ici depuis dix ans, la plupart y ont été attirés de la même manière, intrigués par ce vocable grec reproduit en tifinar. J'ai même dressé un catalogue assez exact de ces inscriptions, et des cavernes où on les rencontre. Toutes, ou presque, sont accompagnées de cette formule : *Antinéa. Ici commence son domaine*. J'ai moi-même fait repeindre à l'ocre telle ou telle qui commençait à s'effacer. Mais, pour en revenir à ce que je vous disais tout d'abord, aucun des Européens conduits ici par ce mystère épigraphique[1] n'a plus eu, dès qu'il s'est trouvé dans le palais d'Antinéa, cure[2] d'être éclairé sur cette étymologie. Ils ont tous eu immédiatement autre martel[3] en tête. À ce propos, il y aurait bien des choses à dire sur le peu d'importance réelle qu'ont les préoccupations purement scientifiques même pour les savants, et comme ils les sacrifient vite aux soucis les plus terre à terre, celui de leur vie, par exemple.

– Nous y reviendrons une autre fois, voulez-vous, monsieur, fit Morhange, toujours admirable de courtoisie.

– Cette digression n'avait qu'un but, monsieur : vous prouver que je ne vous compte pas au nombre de ces savants indignes. Vous vous inquiétez en effet de connaître les racines de ce nom, Antinéa, et cela avant de savoir quelle sorte de femme est celle qui le porte, ou les motifs pour quoi, vous et monsieur, êtes ses prisonniers.»

Je regardai fixement le petit vieux. Mais il parlait avec le plus profond sérieux.

Tant mieux pour toi, pensai-je. Autrement, j'aurais tôt fait de t'envoyer par la fenêtre ironiser à ton aise. La loi de la chute des corps ne doit pas être modifiée, au Hoggar.

«Vous avez sans doute, monsieur, continua, imperturbable sous mon regard ardent, M. Le Mesge s'adressant à Morhange, formulé quelques hypothèses étymologiques, lorsque vous vous êtes trouvé

---

1. *Épigraphique* : qui concerne les épigraphes (voir note 2, p. 13).
2. *N'a plus eu* […] *cure* : ne s'est plus soucié.
3. *Martel* : préoccupation.

la première fois en face de ce nom, Antinéa. Verriez-vous un inconvénient à me les communiquer ?

– Aucun, monsieur, dit Morhange. »

Et, très posément, il énuméra les étymologies dont j'ai parlé plus haut.

Le petit homme au plastron[1] cerise se frottait les mains.

« Très bien, apprécia-t-il, avec un accent de jubilation intense. Excessivement bien, du moins pour les médiocres connaissances helléniques[2] qui doivent être vôtres. Tout ceci n'en est pas moins faux, archi-faux.

– C'est bien parce que je m'en doute que je vous questionne, fit doucement Morhange.

Je ne vous ferai pas languir davantage, dit M. Le Mesge. Le mot Antinéa se décompose de la façon suivante : *ti* n'est autre chose qu'une immixtion[3] barbare dans ce nom essentiellement grec : *Ti* est l'article féminin berbère. Nous avons plusieurs exemples de ce mélange. Prenez celui de Tipasa, la ville nord-africaine. Son nom signifie l'entière, de *ti* et de πασα. En l'espèce, *tinea* signifie *la nouvelle*, de *ti* et de νεα.

– Et le préfixe *an* ? interrogea Morhange.

– Se peut-il, monsieur, répliqua M. Le Mesge, que je me sois fatigué une heure à vous parler du *Critias*[4] pour aboutir à un aussi piètre résultat ? Il est certain que le préfixe *an*, en lui-même, n'a pas de signification. Vous comprendrez qu'il en a une, lorsque je vous aurai dit qu'il y a là un cas très curieux d'apocope[5]. Ce n'est pas *an* qu'il faut lire, c'en *atlan*. *Atl* est tombé, par apocope ; *an* a subsisté. En résumé, Antinéa se compose de la manière suivante : *Ti* – νεα

---

1. *Plastron* : partie de la chemise qui recouvre la poitrine.

2. *Helléniques* : qui concernent la Grèce antique.

3. *Immixtion* : intrusion.

4. *Critias* : dialogue de Platon où le philosophe s'attache précisément à la description d'une cité idéale, l'Atlantide.

5. *Apocope* : phénomène phonétique consistant en la suppression d'un phonème ou d'une syllabe en fin de mot.

– 'ατλ'αν. Et sa signification, *la nouvelle Atlante*, sort éblouissante de cette démonstration.»

Je regardai Morhange. Son étonnement était sans bornes. Le préfixé berbère *ti* l'avait littéralement sidéré.

«Avez-vous eu l'occasion de vérifier cette très ingénieuse étymologie, monsieur ? put-il enfin proférer.

– Vous n'aurez qu'à jeter un coup d'œil sur ces quelques livres», fit dédaigneusement M. Le Mesge.

Successivement, il ouvrit cinq, dix, vingt placards. Une prodigieuse bibliothèque s'amoncela à notre vue.

«Tout, tout, il y a tout ici, murmura Morhange, avec une étonnante inflexion de terreur et d'admiration.

– Tout ce qui vaut la peine d'être consulté, du moins, dit M. Le Mesge. Tous les grands ouvrages dont le monde réputé savant déplore aujourd'hui la perte.»

L'Atlantide, © Albin Michel, 1993.

1. Quel est cette fois le personnage qui incarne le faux savant ?

2. Quels sont les traits de caractère qu'il partage avec M. de Peyrehorade ?

3. Selon vous, est-il plus ou moins virulent que M. de Peyrehorade ?

4. Vénus et Antinéa : quelles similitudes peut-on trouver entre les deux divinités ?

Une inconfortable nuit de noces

Étude du texte

De « De la porte je jetai un coup d'œil sur la statue ruisselante d'eau »
à « pensais-je en sautant à bas de mon lit », l. 838-883, p. 73-74.

1. Physiologie du mariage[1]

A. L'allusion au Minotaure : expliquez le rapprochement qu'est amené
à établir le narrateur au cours de sa méditation.

B. Repérez précisément dans le texte le champ lexical de la violence.
En définitive, quelle conception du mariage le narrateur se fait-il ?

C. Il évoque néanmoins une alternative, la possibilité de s'unir d'une
autre façon, pour les hommes et les femmes : à quel endroit du texte
exactement ?

D. « Une femme peut-elle jamais aimer un homme qu'elle aura vu
grossier une fois ? » Dans cette phrase, le terme « grossier » peut être
entendu de deux manières différentes. Lesquelles ? (L'étymologie de
« butor » par exemple peut vous mettre sur la piste.)

E. L'adjectif « troublé » est utilisé à deux reprises par le narrateur, et
de façon très rapprochée (l. 858 et 862) : est-ce pur hasard ? comment
l'interpréter ?

2. La femme d'à côté

A. Comment l'espace est-il divisé, organisé dans cette scène ? Comment les « territoires » respectifs sont-ils délimités ? Comment sont-
ils reliés ? Vous pourrez dessiner un plan des lieux.

B. « *Mon* ivrogne aura mis le feu... » : comment comprenez-vous l'emploi du possessif par le narrateur ?

---

1. *Physiologie du mariage* : étude du fonctionnement du phénomène
social, moral et religieux qu'est le mariage.

C. « Un garçon joue un sot rôle dans une maison où s'accomplit un mariage » : cherchez dans le dictionnaire toutes les acceptions du mot « garçon » aujourd'hui. Quel est le sens exact de cette phrase et quels indices nous donne-t-elle sur les dispositions psychologiques du narrateur ?

D. Montrez qu'il est lui aussi *troublé* par la présence de cette jeune femme de l'autre côté du corridor.

3. La nuit de noces : un sabbat[1] nocturne

A. Avant le moment fatidique, Mlle de Puygarrig n'est jamais véritablement seule mais entourée d'une foule de comparses et d'assistants : où cela est-il le plus manifeste dans ce passage ?

B. Le narrateur évoque de façon directe ou connotée l'idée du sacrifice, comme si la mariée était livrée en offrande ou simplement victime de tout un système ou de toute une communauté donnée : à quel endroit du texte exactement ?

C. Le sabbat : cherchez la définition de ce mot dans le dictionnaire, étudiez son sens originel et l'évolution de ce sens à travers les âges. Dans quelle mesure peut-on parler de la mise en scène d'un sabbat dans cet extrait ? Où la figure du diable se profile-t-elle ?

D. *Recherche* : le thème de l'étranger accueilli et hébergé dans une demeure maudite (et qui est le témoin impuissant d'épouvantables forfaits) est devenu un *topos* de la littérature fantastique, après Mérimée. Illustrez ce fait en retrouvant des passages qui en témoignent, chez Poe ou Lovecraft par exemple.

À vos plumes

Placez-vous du côté de la malheureuse Mlle de Puygarrig et imaginez son monologue intérieur avant que ne retentissent les pas sinistres dans l'escalier.

---

1. *Sabbat* : ici, assemblée nocturne dont les orgies rappellent celles de l'Antiquité païenne.

Texte complémentaire : Balzac, *Physiologie du mariage* (1829)

Honoré de Balzac (1799-1850) est l'auteur de *La Comédie humaine*, un projet romanesque des plus ambitieux et une analyse des plus remarquables des convulsions sociales, économiques, morales, etc., de son temps. Dans la *Physiologie du mariage*, Balzac propose une réflexion divertissante sur une question qui ne cessera de l'intéresser : l'institution du mariage, tel qu'il est conçu par les classes dominantes de son époque, autrement dit bourgeoises. À coup d'anecdotes et d'aphorismes[1], il s'emploie à le démystifier.

    Ces millionnaires oublient la plupart du temps les saintes lois du mariage et les soins réclamés par la tendre fleur qu'ils ont à cultiver, jamais ne pensent à l'arroser, à la préserver du froid ou du chaud. À peine savent-ils que le bonheur d'une épouse leur a été confié ; s'ils s'en souviennent, c'est à table en voyant devant eux une femme richement parée, ou lorsque la coquette, craignant leur abord brutal, vient, aussi gracieuse que Vénus, puiser à leur caisse… Oh ! alors, le soir, ils se rappellent quelquefois assez fortement les droits spécifiés à l'article 218 du Code civil, et leurs femmes les reconnaissent ; mais comme ces forts impôts que les lois établissent sur les marchandises étrangères, elles les souffrent et les acquittent[2] en vertu de cet axiome[3] : Il n'y a pas de plaisir sans un peu de peine. […]

    Presque tous se sont mariés dans l'ignorance la plus profonde et de la femme et de l'amour. Ils ont commencé par enfoncer la porte d'une maison étrangère et ils ont voulu être bien reçus au salon. Mais l'artiste le plus vulgaire sait qu'il existe entre lui et son instrument (son instrument qui est de bois ou d'ivoire !) une sorte d'amitié indéfinissable. Il sait, par expérience, qu'il lui a fallu des années pour établir ce rapport mystérieux entre une matière inerte[4] et lui. Il n'en a pas deviné

---

1. *Aphorismes* : traits d'esprit ou formules visant à cerner le plus justement possible une notion subtile.
2. *Les acquittent* : se soumettent à ces conditions.
3. *Axiome* : règle.
4. *Inerte* : sans vie.

du premier coup les ressources et les caprices, les défauts et les vertus. Son instrument ne devient une âme pour lui et n'est une source de mélodie qu'après de longues études ; ils ne parviennent à se connaître comme deux amis qu'après les interrogations les plus savantes.

Est-ce en restant accroupi dans la vie, comme un séminariste[1] dans sa cellule, qu'un homme peut apprendre la femme et savoir déchiffrer cet admirable solfège ? Est-ce un homme qui fait métier de penser pour les autres, de juger les autres, de gouverner les autres, de voler l'argent des autres, de nourrir, de guérir, de blesser les autres ? Est-ce tous nos prédestinés[2] enfin qui peuvent employer leur temps à étudier une femme ? Ils vendent leur temps, comment le donneraient-ils au bonheur ? L'argent est leur dieu. L'on ne sert pas deux maîtres à la fois. Aussi le monde est-il plein de jeunes femmes qui se traînent pâles et débiles[3], malades et souffrantes. Les unes sont la proie d'inflammations plus ou moins graves, les autres restent sous la cruelle domination d'attaques nerveuses plus ou moins violentes. Tous les maris de ces femmes-là sont des ignares et des prédestinés. Ils ont causé leur malheur avec le soin qu'un mari-artiste aurait mis à faire éclore les tardives et délicieuses fleurs du plaisir. Le temps qu'un ignorant passe à consommer sa ruine est précisément celui qu'un homme habile sait employer à l'éducation de son bonheur.

XXVI

Ne commencez jamais le mariage par un viol.

Physiologie du mariage, première partie,
méditation 5, chapitre « Des prédestinés ».

1. Repérez l'allusion à Vénus dans le texte. Par conséquent, quel lien pouvez-vous établir avec la nouvelle de Mérimée ?

2. Quelles sont les deux conceptions du mariage qui se dessinent dans ce passage ?

3. Quelle est la métaphore utilisée par Balzac pour sa démonstration ?

4. « L'on ne sert pas deux maîtres à la fois » : d'où vient cette citation ?

---

1. *Séminariste* : novice, étudiant qui se prépare à la carrière ecclésiastique.
2. *Des prédestinés* : des prédestinés au malheur, c'est-à-dire à être cocus.
3. *Débiles* : faibles physiquement.

Sur les lieux du crime

Étude du texte

De « Il ne me paraissait pas douteux que M. Alphonse » à « Il ordonna qu'il fût arrêté sur-le-champ », l. 912-949, p. 75-76.

1. Un texte archétypique du récit policier

A. Montrez que tous les actants, ou presque, du récit policier sont ici présents (enquêteurs officiels ou improvisés, victime, témoins, criminel).

B. Étudiez le système des connecteurs logiques et temporels : qu'indique-t-il du point de vue du narrateur-enquêteur ?

C. Est-il pour autant totalement dénué d'émotivité ? Trouvez l'indice qui prouve le contraire.

D. Relevez les termes qui composent le champ lexical de la violation, de l'attentat.

E. Quel est le terme qui montre que le narrateur est désormais à la recherche de la (ou d'une) vérité ?

2. Les observations, les indices glanés

A. Relevez les indices proprement matériels (ou indiquez l'absence d'indices).

B. Relevez les indices retrouvés après un effort de mémoire ou perçus *a posteriori* comme tels.

C. Le comportement des proches après le crime supposé : de quels éléments dispose-t-on pour l'enquête ?

3. La reconstitution : les hypothèses possibles

A. Recensez les différents suspects, en envisageant la nouvelle tout entière (on en dénombre au moins quatre...).

B. Pour chacun d'entre eux, évaluez les mobiles qui auraient pu les pousser au crime.

C. En rassemblant tous les indices que le texte fournit, imaginez les quatre scénarios possibles (et les plus plausibles) : quel est celui qui vous paraît le plus vraisemblable ? Pourquoi ? Selon vous, qui donc est coupable ? Y a-t-il un coupable (voire plusieurs) ?

D. Comment le narrateur s'y prend-il pour nous orienter, de manière logique et rationnelle, vers la culpabilité de la statue ?

Texte complémentaire : Simenon, *Monsieur Gallet, décédé* (1931)

Le prolifique romancier belge Georges Simenon (1903-1989) s'est illustré, entre autres, dans le genre du roman policier – qu'il a renouvelé à sa manière en privilégiant l'investigation psychologique –, créant le célèbre personnage du commissaire Maigret.

Dans cette enquête du commissaire Maigret, publiée en 1931, il est question d'un certain Émile Gallet, voyageur de commerce que l'on retrouve assassiné à l'hôtel de la Loire, dans le petit bourg de Sancerre. Rien apparemment ne permet d'expliquer la mort de cet homme sans histoires. C'est le début de l'été, l'enquête commence péniblement... Maigret décide de s'installer dans la chambre du crime pour essayer d'y voir plus clair ; un brigadier de gendarmerie lui donne la réplique.

Il avait apporté dans la chambre tout ce qui avait trait à l'affaire. Après s'être assuré que la table, recouverte d'un tapis d'indienne[1] à ramages rougeâtres, ne pouvait rien lui révéler, il y avait étalé ses dossiers, depuis le rapport du médecin légiste[2] jusqu'aux photos des-

---

1. *Indienne* : toile de coton peinte (traditionnellement fabriquée en Europe entre le XVIIe et le XIXe siècle).
2. *Légiste* : chargé de l'identification du corps.

lieux et de la victime que l'Identité judiciaire lui avait envoyées le matin même.

Enfin, cédant à un sentiment plutôt superstitieux que scientifique, il avait posé la photographie d'Émile Gallet sur la cheminée de marbre noir ornée d'un bougeoir en cuivre.

À terre, il n'y avait pas de tapis. Le plancher, en chêne, était verni, et les premiers enquêteurs avaient dessiné à la craie les contours du corps tel qu'ils l'avaient trouvé.

Dehors, dans la verdure, s'élevait un murmure confus, intensément vivant, fait de chants d'oiseaux, du bruissement du feuillage, du bourdonnement des mouches et du caquet lointain de poules sur la route, le tout scandé par les coups espacés du marteau sur l'enclume de la forge.

Des voix embrouillées arrivaient parfois de la terrasse, ou encore on entendait le roulement d'une voiture sur le pont suspendu.

«Ce ne sont pas les documents qui vous manquent! Je n'aurais jamais cru…»

Mais le commissaire n'écoutait pas. Posément, en tirant de petites bouffées de sa pipe, il étendait sur le sol, à la place où s'étaient trouvées les jambes du cadavre, un pantalon de drap noir, tissé si serré qu'après avoir été porté une dizaine d'années, sans doute, à en juger par son lustre, il eût pu encore servir dix ans.

Maigret étala de même une chemise en percale[1] et, à sa place normale, un plastron[2] empesé. Mais l'ensemble n'eut de forme, ne devint à la fois saugrenu et émouvant que quand, au bout des jambes du pantalon, il posa une paire de chaussures à élastiques.

Cela ne ressemblait pas à un corps, non! C'en était plutôt une représentation caricaturale, si inattendue que le brigadier lança une œillade à son compagnon, fit entendre un petit rire gêné.

Maigret ne riait pas. Lourd et obstiné, il allait et venait lentement, consciencieusement. Il examina la jaquette[3], la remit au portemanteau après avoir constaté qu'elle n'était pas trouée à l'endroit où le

---

1. *Percale* : coton lisse et soyeux.
2. *Plastron* : voir note 1, p. 95.
3. *Jaquette* : veste trois-quarts.

poignard avait frappé. Le gilet, qui, lui, était déchiré à hauteur de la poche gauche, prit sa place sur le plastron.

«Voici donc comment il était habillé!» dit-il à mi-voix.

Il consulta une photo de l'Identité judiciaire, corrigea son œuvre en ajoutant à son mannequin inconsistant un faux-col très haut, en celluloïd[1], et un nœud de satin noir.

«Vous voyez, brigadier? Samedi, il a dîné à huit heures. Il a mangé des pâtes, car il était au régime. Ensuite, selon son habitude, il a lu le journal en buvant de l'eau minérale. Un peu après dix heures, il est entré dans cette chambre et il a retiré sa jaquette, tout en gardant ses chaussures et son faux-col.»

En réalité, Maigret parlait moins pour le gendarme, qui l'écoutait avec application et qui croyait de son devoir d'approuver chaque phrase, que pour lui-même.

«Où pouvait bien être le couteau à ce moment-là? C'est un couteau à cran d'arrêt, mais d'un modèle de poche, comme beaucoup de gens ont l'habitude d'en porter. Attendez...»

Il replia la lame du couteau qui se trouvait sur la table avec les autres pièces à conviction, glissa l'objet dans la poche gauche du pantalon noir.

«Non! Cela fait des faux plis...»

Il essaya à droite et se montra satisfait.

«Voilà! Il a son couteau dans sa poche. Il vit. Et, entre onze heures et minuit et demi, selon le médecin, il est mort. Il y a de la poussière de chaux et de pierre meulière au bout de ses chaussures. Or, en face de la fenêtre, sur le mur de la propriété de Tiburce de Saint-Hilaire, je relève des traces laissées par des souliers du même genre.

«Est-ce pour grimper sur le mur qu'il a retiré sa jaquette? Car il n'est pas homme à se mettre à son aise, même chez lui, il ne faut pas l'oublier!»

Maigret circulait toujours, n'achevait pas toutes ses phrases, n'accordait pas un coup d'œil à son auditeur immobile sur une chaise.

----

1. *En celluloïd* : en matière plastique.

«Dans la cheminée, d'où on a retiré le poêle pour l'été, je retrouve des papiers brûlés… Reprenons les gestes qu'il a dû faire : retirer sa jaquette, brûler les papiers, disperser les cendres avec le pied de ce bougeoir (car il y a de la suie sur le cuivre), escalader le mur d'en face après avoir enjambé l'appui de fenêtre et revenir ici par le même chemin. Enfin prendre le couteau dans sa poche et l'ouvrir… Ce n'est pas grand-chose, mais si nous savions déjà dans quel ordre ces faits et gestes se sont déroulés…

«Entre onze heures et minuit et demi, il est donc à nouveau ici. La fenêtre est ouverte et il reçoit une balle dans la tête… Aucun doute là-dessus ! La balle a précédé le coup de couteau… Et elle a été tirée du dehors…

«Or, Gallet a saisi son couteau. Il n'a pas essayé de sortir, ce qui semble indiquer que c'est l'assassin qui est entré, car on ne se bat pas à coups de couteau avec un adversaire qui se trouve à sept mètres de distance…

«Mieux ! Gallet a la moitié de la figure arrachée. La blessure saigne. Et on ne retrouve pas une goutte de sang près de la fenêtre.

«Les traces prouvent que, blessé, il n'a pas circulé dans un rayon de plus de deux mètres…

«Forte ecchymose[1] au poignet gauche ! écrit le médecin qui a pratiqué l'autopsie. Donc, notre homme tient son couteau de la main gauche et on saisit cette main pour retourner l'arme contre lui.

«La lame pénètre dans le cœur et il tombe tout d'une pièce. Il lâche le couteau et l'assassin ne s'inquiète pas, sachant qu'on n'y relèvera que les empreintes digitales de la victime.

«Le portefeuille reste dans la poche de Gallet ; aucun objet n'est volé. Et pourtant l'Identité judiciaire prétend qu'il y a, en particulier sur la valise, des parcelles infimes de caoutchouc, comme si quelqu'un l'avait maniée avec des gants…

– Curieux ! Curieux ! s'extasia gentiment le gendarme, qui eût été incapable de répéter le quart de ce qu'il venait d'entendre.

---

1. *Ecchymose* : contusion.

– Le plus curieux c'est que, outre ces traces de caoutchouc, on ait retrouvé un peu de poussière de rouille…

– Le revolver était peut-être rouillé ! »

Monsieur Gallet, décédé,
© Fayard, 1931.

1. Dans ce passage caractéristique du roman policier moderne, identifiez les éléments constitutifs du genre mentionnés dans l'étude de texte de *La Vénus d'Ille* qui précède.

2. Au vu de cette comparaison, qu'est-ce qui distingue le mode d'investigation de Simenon ?

Apothéose de Vénus et prégnance du fantastique

Étude du texte

De « Quelques heures après les funérailles de M. Alphonse » à « les vignes ont gelé deux fois », l. 1023-1050, p. 79.

1. Raffinement du style et brièveté de Mérimée

A. La figure de l'asyndète : retrouvez sa définition puis montrez que cet épilogue est placé sous le signe de l'asyndète. Expliquez le but recherché.

B. Étudiez la combinaison des temps verbaux dans ce passage : comment le narrateur prépare-t-il et présente-t-il les derniers événements majeurs de cette histoire ?

C. Le passage est essentiellement constitué de phrases courtes, à deux exceptions près : lesquelles ? Analysez ces deux phrases complexes du point de vue de la syntaxe. Sont-elles les signes d'une plus grande tension dramatique ?

2. La Vénus, une allégorie du désir

A. Montrez que la déesse attire irrésistiblement les regards (deux passages clés).

B. Comment M. de Peyrehorade et le narrateur masquent-ils en quelque sorte leur désir de/pour la déesse ?

C. Si la déesse est par excellence celle qui suscite le désir, comment interpréter la mort brutale de M. de Peyrehorade *et* la malédiction qui plane ensuite sur le village ?

D. Que dénonce ici implicitement et de manière ironique le narrateur ?

3. Résonances avec d'autres textes de Mérimée

A. Comparez cet épilogue à celui d'une autre célèbre nouvelle de Mérimée, *Colomba* : montrez les similitudes, voire les reprises.

B. De même, on retrouve un écho de *La Vénus d'Ille* (et de son dénouement) dans *Il Vicolo di Madama Lucrezia* : lisez le texte et identifiez ce passage.

4. Le monstre et ses avatars

A. Le thème du monstre protéiforme[1] et toujours renaissant est une des constantes du fantastique : montrez que Mérimée y recourt également dans son texte.

B. Le pouvoir surnaturel du monstre : où est-il apparent dans ce passage ?

C. Comment justifier que le monstre ne laisse finalement aucune preuve de son passage parmi les hommes ?

D. « M. de Peyrehorade tourna machinalement la tête du côté où il me voyait regarder fixement » : ne peut-on dire que les personnages

---

1. Protéiforme : qui peut prendre des formes variées.

en présence sont à leur manière « statufiés » ? Quel peut être l'intérêt de cette constatation pour la compréhension du phénomène fantastique ?

Noces de sang
(groupement de textes n° 1)

Les quatre textes réunis ici appartiennent à des œuvres, des périodes et des genres très différents. La nouvelle de Mérimée *Lokis* date de 1869 et se déroule dans une Lithuanie quelque peu imaginaire, tandis que la tragédie espagnole de Federico Garcia Lorca (en trois actes et sept tableaux), écrite en 1932, évoque l'Espagne rurale du début du siècle, et le texte de Mérimée issu des *Lettres d'Espagne* celle des romantiques. Quant au roman de Davis Grubb (1953), il peut être rapproché de l'univers du roman noir américain ; il se situe dans les années 1930, au moment où les États-Unis connaissent l'une des plus grandes crises économiques de leur histoire.

Le thème des noces de sang, et plus largement du mariage, est au cœur des quatre œuvres. Dans chacune, il s'agit de raconter l'histoire d'une cérémonie nuptiale qui tourne mal, sinon vire à l'épouvante :

– ou bien cette issue est due à la monstruosité latente de l'un des protagonistes : dans l'une des histoires, c'est – sur le mode fantastique – Szémioth qui lacère et dévore quasiment son épouse ; dans une autre c'est le pasteur qui s'ingénie à piéger, manipuler – par des raisonnements subtils ou des sentences théologiques[1] – et circonvenir celle dont il veut pouvoir disposer à sa guise (on assiste alors à l'analyse quasi clinique d'un cas pathologique) ;

---

1. *Théologiques* : voir note 1, p. 93.

– ou bien le mariage permet de mettre à nu les contradictions et les peurs qui se tenaient tapies jusque-là dans le secret du cœur : la pièce de Federico Garcia Lorca adopte cette perspective.

Plus mélodramatique, le texte de Mérimée appartenant aux *Lettres d'Espagne* comporte néanmoins les deux dimensions, qu'il conjugue discrètement.

Quoi qu'il en soit, les noces sont révélatrices des angoisses et obsessions qui oppressent et tourmentent les humains : quand il n'est pas réellement et librement consenti, le mariage ne saurait mener qu'au crime, semblent nous dire ces textes, chacun à sa manière.

Mérimée, *Lokis* (1869)

Comme *La Vénus d'Ille*, *Lokis*, l'avant-dernière nouvelle de Mérimée, met en scène un savant en voyage d'étude. Le professeur Wittembach se rend en « Lithuanie » pour « recueillir tous les monuments linguistiques » lui permettant de jeter les fondements d'une grammaire de la langue jmoude, en vue d'une future traduction de la Bible dans cette dernière. Son correspondant et hôte en Lithuanie est le comte Michel Szémioth. Ce riche propriétaire est un homme quelque peu excentrique, et pour cause : sa mère, au cours de sa grossesse, aurait échappé de peu à la furie d'un ours traqué qui lui aurait fait une immense frayeur. Deux mois environ après qu'il a pris congé de son hôte, avec qui il a malgré tout sympathisé, le narrateur est invité au mariage impromptu de ce dernier avec Mlle Iwinska, jeune fille facétieuse et mutine. Les invités sont rassemblés au château, la cérémonie religieuse se tient dans la chapelle... mais la fête tourne mal.

En entrant dans l'avenue du château, j'aperçus un grand nombre de dames et de messieurs en toilette du matin groupés, sur le perron ou circulant dans les allées du parc. La cour était pleine de paysans endimanchés. Le château avait un air de fête ; partout des fleurs, des guirlandes, des drapeaux et des festons[1]. L'intendant me conduisit à

---

1. *Festons* : guirlandes de fleurs et de feuilles.

la chambre qui m'avait été préparée au rez-de-chaussée, en me deman-
dant pardon de ne pouvoir m'en offrir une plus belle ; mais il y avait
tant de monde au château, qu'il avait été impossible de me conserver
l'appartement que j'avais occupé à mon premier séjour, et qui était
destiné à la femme du maréchal de la noblesse ; ma nouvelle chambre,
d'ailleurs, était très convenable, ayant vue sur le parc, et au-dessous de
l'appartement du comte. Je m'habillai en hâte pour la cérémonie, je
revêtis ma robe ; mais ni le comte ni sa fiancée ne paraissaient. Le comte
était allé la chercher à Dowghielly. Depuis longtemps, ils auraient dû
être arrivés ; mais la toilette d'une mariée n'est pas une petite affaire,
et le docteur avertissait les invités que, le déjeuner ne devant avoir lieu
qu'après le service religieux, les appétits trop impatients feraient bien
de prendre leurs précautions à un certain buffet garni de gâteaux et de
toute sorte de liqueurs. Je remarquai à cette occasion combien l'attente
excite à la médisance ; deux mères de jolies demoiselles invitées à la
fête ne tarissaient pas en épigrammes[1] contre la mariée.

Il était plus de midi quand une salve de boîtes[2] et de coups de
fusil signala son arrivée, et, bientôt après, une calèche de gala entre
dans l'avenue, traînée par quatre chevaux magnifiques. À l'écume qui
couvrait leur poitrail, il était facile de voir que le retard n'était pas de
leur fait. Il n'y avait dans la calèche que la mariée, Mme Dowghiello
et le comte. Il descendit et donna la main à Mme Dowghiello.
Mlle Iwinska, par un mouvement plein de grâce et de coquetterie
enfantine, fit mine de vouloir se cacher sous son châle pour échapper aux regards curieux qui l'entouraient de tous les côtés. Pourtant,
elle se leva debout dans la calèche, et elle allait prendre la main
du comte, quand les chevaux du brancard, effrayés peut-être de la
pluie de fleurs que les paysans lançaient à la mariée, peut-être aussi
éprouvant cette étrange terreur que le comte Szémioth inspirait aux
animaux, se cabrèrent en s'ébrouant ; une roue heurta la borne au
pied du perron, et on put croire pendant un moment qu'un acci-
dent allait avoir lieu. Mlle Iwinska laissa échapper un petit cri… On

---

1. *Épigrammes* : ici, commentaires satiriques.
2. *Boîtes* : ici, charges explosives, mises à feu dans de petits mortiers au
cours des fêtes publiques.

fut bientôt rassuré. Le comte, la saisissant dans ses bras, l'emporta jusqu'au haut du perron aussi facilement que s'il n'avait tenu qu'une colombe. Nous applaudissions tous à son adresse et à sa galanterie chevaleresque. Les paysans poussaient des *vivat*[1] formidables, la mariée, toute rouge, riait et tremblait à la fois. Le comte, qui n'était nullement pressé de se débarrasser de son charmant fardeau, semblait triompher en le montrant à la foule qui l'entourait...

Tout à coup, une femme de haute taille, pâle, maigre, les vêtements en désordre, les cheveux épars, et tous les traits contractés par la terreur, parut au haut du perron, sans que personne pût savoir d'où elle venait.

«À l'ours! criait-elle d'une voix aiguë; à l'ours! des fusils!... Il emporte une femme! tuez-le! Feu! feu!»

C'était la comtesse. L'arrivée de la mariée avait attiré tout le monde au perron, dans la cour, ou aux fenêtres du château. Les femmes mêmes qui surveillaient la pauvre folle avaient oublié leur consigne; elle s'était échappée, et, sans être observée de personne, était arrivée jusqu'au milieu de nous. Ce fut une scène très pénible. Il fallut l'emporter malgré ses cris et sa résistance. Beaucoup d'invités ne connaissaient pas sa maladie. On dut leur donner des explications. On chuchota longtemps à voix basse. Tous les visages étaient attristés. «Mauvais présage» disaient les personnes superstitieuses; et le nombre en est grand en Lithuanie.

Cependant, Mlle Iwinska demanda cinq minutes pour faire sa toilette et mettre son voile de mariée, opération qui dura une bonne heure. C'était plus qu'il ne fallait pour que les personnes qui ignoraient la maladie de la comtesse en apprissent la cause et les détails.

Enfin, la mariée reparut, magnifiquement parée et couverte de diamants. Sa tante la présenta à tous les invités, et lorsque le moment fut venu de passer à la chapelle, à ma grande surprise, en présence de toute la compagnie, Mme Dowghiello appliqua un soufflet sur la joue de sa nièce, assez fort pour faire retourner ceux qui auraient eu quelque distraction. Ce soufflet fut reçu avec la plus parfaite rési-

---

1. ***Vivat*** : bravos.

gnation, et personne ne parut s'en étonner ; seulement, un homme en noir écrivit quelque chose sur un papier qu'il avait apporté et quelques-uns des assistants y apposèrent leur signature de l'air le plus indifférent. Ce ne fut qu'à la fin de la cérémonie que j'eus le mot de l'énigme. Si je l'eusse deviné, je n'aurais pas manqué de m'élever avec toute la force de mon ministère sacré[1] contre cette odieuse pratique, laquelle a pour but d'établir un cas de divorce en simulant que le mariage n'a eu lieu que par suite de violence matérielle exercée contre une des parties contractantes.

Après le service religieux, je crus de mon devoir d'adresser quelques paroles au jeune couple, m'attachant à leur mettre devant les yeux la gravité et la sainteté de l'engagement qui venait de les unir, et, comme j'avais encore sur le cœur le post-scriptum déplacé de Mlle Iwinska, je lui rappelai qu'elle entrait dans une vie nouvelle, non plus accompagnée d'amusements et de joies juvéniles, mais pleine de devoirs sérieux et de graves épreuves. Il me sembla que cette partie de mon allocution produisit beaucoup d'effet sur la mariée, comme sur toutes les personnes qui comprenaient l'allemand.

Des salves d'armes à feu et des cris de joie accueillirent le cortège au sortir de la chapelle, puis on passa dans la salle à manger. Le repas était magnifique, les appétits fort aiguisés, et d'abord on n'entendit d'autre bruit que celui des couteaux et des fourchettes ; mais bientôt, avec l'aide des vins de Champagne et de Hongrie, on commença à causer, à rire et même à crier. La santé de la mariée fut portée avec enthousiasme. À peine venait-on de se rasseoir, qu'un vieux *pane*[2] à moustaches blanches se leva, et, d'une voix formidable :

« Je vois avec douleur, dit-il, que nos vieilles coutumes se perdent. Jamais nos pères n'eussent porté ce toast avec des verres de cristal. Nous buvions dans le soulier de la mariée, et, même dans sa botte ; car, de mon temps, les dames portaient des bottes en maroquin rouge. Montrons, amis, que nous sommes encore de vrais Lithuaniens. – Et toi, madame, daigne me donner ton soulier. »

---

1. *Mon ministère sacré* : la fonction solennelle que j'exerce.
2. *Pane* : « seigneur », en vieux polonais.

La mariée lui répondit en rougissant, avec un petit rire étouffé :

«Viens le prendre, monsieur… ; mais je ne te ferai pas raison dans ta botte.»

Le *pane* ne se le fit pas rire deux fois.

Il se mit galamment à genoux, ôta un petit soulier de satin blanc à talon rouge, l'emplit de vin de Champagne et but si vite et si adroitement, qu'il n'y en eut pas plus de la moitié qui coula sur ses habits. Le soulier passa de main en main, et tous les hommes y burent, mais non sans peine. Le vieux gentilhomme réclama le soulier comme une relique précieuse, et Mme Dowghiello fit prévenir une femme de chambre de venir réparer le désordre de la toilette de sa nièce.

Ce toast fut suivi de beaucoup d'autres, et bientôt les convives devinrent si bruyants, qu'il ne me parut plus convenable de demeurer parmi eux. Je m'échappai de la table sans que personne fît attention à moi, et j'allai respirer l'air en dehors du château ; mais, là encore, je trouvai un spectacle peu édifiant. Les domestiques et les paysans, qui avaient eu de la bière et de l'eau-de-vie à discrétion, étaient déjà ivres, pour la plupart. Il y avait eu des disputes et des têtes cassées. Çà et là, sur le pré, des ivrognes se vautraient privés de sentiment, et l'aspect général de la fête tenait beaucoup d'un champ de bataille. J'aurais eu quelque curiosité de voir de près les danses populaires ; mais la plupart étaient menées par des bohémiennes effrontées, et je ne crus pas qu'il fût bienséant de me hasarder dans cette bagarre. Je rentrai donc dans ma chambre, je lus quelque temps, puis me déshabillai et m'endormis bientôt.

Lorsque je m'éveillai, l'horloge du château sonnait trois heures. La nuit était claire, bien que la lune fût un peu voilée par une légère brume. J'essayai de retrouver le sommeil ; je ne pus y parvenir. Selon mon usage en pareille occasion, je voulus prendre un livre et étudier, mais je ne pus trouver les allumettes à ma portée. Je me levai et j'allais tâtonnant dans ma chambre, quand un corps opaque, très gros, passa devant ma fenêtre, et tomba avec un bruit sourd dans le jardin. Ma première impression fut que c'était un homme, et je crus qu'un de nos ivrognes était tombé par la fenêtre. J'ouvris la mienne et regardai ; je ne vis rien. J'allumai enfin une bougie, et, m'étant remis au lit, je repassai mon glossaire[1] jusqu'au moment où l'on m'apporta mon thé.

Vers onze heures, je me rendis au salon, où je trouvai beaucoup d'yeux battus et de mines défaites ; j'appris en effet qu'on avait quitté la table fort tard. Ni le comte ni la jeune comtesse n'avaient encore paru. À onze heures et demie, après beaucoup de méchantes plaisanteries, on commença à murmurer, tout bas d'abord, bientôt assez haut. Le docteur Froeber prit sur lui d'envoyer le valet de chambre du comte frapper à la porte de son maître. Au bout d'un quart d'heure, cet homme redescendit, et, un peu ému, rapporta au docteur Froeber qu'il avait frappé plus d'une douzaine de fois, sans obtenir de réponse. Nous nous consultâmes, Mme Dowghiello, le docteur et moi. L'inquiétude du valet de chambre m'avait gagné. Nous montâmes tous les trois avec lui. Devant la porte, nous trouvâmes la femme de chambre de la jeune comtesse tout effarée, assurant que quelque malheur devait être arrivé, car la fenêtre de madame était toute grande ouverte. Je me rappelai avec effroi ce corps pesant tombé devant ma fenêtre. Nous frappâmes à grands coups. Point de réponse. Enfin, le valet de chambre apporta une barre de fer, et nous enfonçâmes la porte… Non ! le courage me manque pour décrire le spectacle qui s'offrit à nos yeux. La jeune comtesse était étendue morte sur son lit, la figure horriblement lacérée, la gorge ouverte, inondée de sang. Le comte avait disparu, et personne depuis n'a eu de ses nouvelles.

Mérimée, *Lettres d'Espagne* (1831-1833, troisième lettre)

Les *Lettres d'Espagne*, publiées dans *La Revue de Paris* entre 1831 et 1833, se présentent comme des reportages adressés au directeur de

---

1. Le narrateur a entrepris (chapitre I) le recensement analytique de tous les mots subsistants du «vocabulaire jomaïtique» ; il relit ses notes.

la revue et font suite au premier voyage de Mérimée en Espagne, en 1830. Ce passage est tiré de la troisième des *Lettres d'Espagne*. Elle est consacrée aux brigands de grand chemin, tandis que les autres abordent les thèmes de la tauromachie, des exécutions capitales et des croyances superstitieuses.

Le narrateur assiste ici à une scène des plus pittoresques...

On célébrait une noce dans une métairie des environs d'Andujar[1]. Les mariés avaient déjà reçu les compliments de leurs amis, et l'on allait se mettre à table sous un grand figuier devant la porte de la maison ; chacun était en disposition de bien faire, et les émanations des jasmins et des orangers en fleur se mêlaient agréablement aux parfums plus substantiels s'exhalant de plusieurs plats qui faisaient plier la table sous leur poids. Tout d'un coup parut un homme à cheval, sortant d'un bouquet de bois à portée de pistolet de la maison. L'inconnu sauta lestement à terre, salua les convives de la main, et conduisit son cheval à l'écurie. On n'attendait personne, mais en Espagne tout passant est bienvenu à partager un repas de fête. D'ailleurs, l'étranger à son habillement paraissait être un homme d'importance. Le marié se détacha aussitôt pour l'inviter à dîner.

Pendant qu'on se demandait tout bas quel était cet étranger, le notaire d'Andujar, qui assistait à la noce, était devenu pâle comme la mort. Il essayait de se lever de la chaise qu'il occupait auprès de la mariée : mais ses genoux pliaient sous lui, et ses jambes ne pouvaient plus le supporter. Un des convives, soupçonné depuis longtemps de s'occuper de contrebande, s'approcha de la mariée : «C'est Jose Maria, dit-il, je me trompe fort, ou il vient ici pour faire quelque malheur (*para hacer una muerte*[2]). C'est au notaire qu'il en veut. Mais que faire ? Le faire échapper ? – Impossible ; Jose Maria l'aurait bientôt rejoint. – Arrêter le brigand ? – Mais sa bande est sans doute aux environs : d'ailleurs il porte des pistolets à sa ceinture et son poignard ne le quitte jamais. – Mais, monsieur le notaire, que lui

---

1. *Andujar* : petite ville d'Andalousie.
2. *Para hacer una muerte* : littéralement, «pour tuer quelqu'un».

avez-vous donc fait ? – Hélas ! rien, absolument rien ! » Quelqu'un murmura tout bas que le notaire avait dit à son fermier, deux mois auparavant, que si Jose Maria venait jamais lui demander à boire, il devrait mettre un gros d'arsenic[1] dans son vin.

On délibérait encore sans entamer la *olla,* quand l'inconnu reparut suivi du marié. Plus de doute, c'était Jose Maria. Il jeta en passant un coup d'œil de tigre au notaire, qui se mit à trembler comme s'il avait eu le frisson de la fièvre puis il salua la mariée avec grâce, et lui demanda la permission de danser à sa noce. Elle n'eut garde de refuser ou de lui faire mauvaise mine. Jose Maria prit aussitôt un tabouret de liège, l'approcha de la table, et s'assit sans façon à côté de la mariée, entre elle et le notaire, qui paraissait à tout moment sur le point de s'évanouir.

On commença à manger. Jose Maria était rempli d'attentions et de petits soins pour sa voisine. Lorsqu'on servit du vin d'extra, la mariée, prenant un verre de montilla[2] (qui vaut mieux que le xérès, selon moi), le toucha de ses lèvres, et le présenta ensuite au bandit. C'est une politesse que l'on fait à table aux personnes que l'on estime. Cela s'appelle *una fineza.* Malheureusement cet usage se perd dans la bonne compagnie, aussi empressée ici qu'ailleurs de se dépouiller de toutes les coutumes nationales.

Jose Maria prit le verre, remercia avec effusion[3], et déclara à la mariée qu'il la priait de le tenir pour son serviteur, et qu'il ferait avec joie tout ce qu'elle voudrait bien lui commander.

Alors celle-ci, toute tremblante et se penchant timidement à l'oreille de son terrible voisin : «Accordez-moi une grâce, dit-elle. – Mille», s'écria Jose Maria.

«Oubliez, je vous en conjure, les mauvais vouloirs que vous avez peut-être apportés ici, Promettez-moi que pour l'amour de moi vous pardonnerez à vos ennemis, et qu'il n'y aura pas de scandale à ma noce.

---

1. *Arsenic* : substance toxique. Un «gros» est une ancienne mesure de poids d'environ quatre grammes.
2. *Montilla* : amontillado, vin blanc de la région de Cordoue.
3. *Avec effusion* : chaleureusement.

– Notaire ! dit Jose Maria se tournant vers l'homme de loi tremblant, remerciez madame ; sans elle, je vous aurais tué avant que vous eussiez digéré votre dîner. N'ayez plus peur, je ne vous ferai pas de mal. » Et, lui versant un verre de vin, il ajouta avec un sourire un peu méchant : «Allons, notaire, à ma santé ; ce vin est bon et il n'est pas empoisonné.» Le malheureux notaire croyait avaler un cent d'épingles. «Allons, enfants ! s'écria le voleur, de la gaieté (*vaya de broma*), vive la mariée !» Et se levant avec vivacité, il courut chercher une guitare et se mit à improviser un couplet en l'honneur des nouveaux époux.

Bref, pendant le reste du dîner et le bal qui le suivit, il se rendit tellement aimable, que les femmes avaient les larmes aux yeux en pensant qu'un aussi charmant garçon finirait peut-être un jour à la potence[1]. Il dansa, il chanta, il se fit tout à tous. Vers minuit, une petite fille de douze ans, à demi vêtue de mauvaises guenilles, s'approcha de Jose Maria, et lui dit quelques mots dans l'argot des bohémiens. Jose Maria tressaillit : il courut à l'écurie, d'où il revint bientôt emmenant son bon cheval. Puis s'avançant vers la mariée, un bras passé dans la bride : «Adieu ! dit-il, enfant de mon âme *(hija de mi alma)*, jamais je n'oublierai les moments que j'ai passés auprès de vous. Ce sont les plus heureux que j'ai vus depuis bien des années. Soyez assez bonne pour accepter cette bagatelle d'un pauvre diable qui voudrait avoir une mine à vous offrir.» Il lui présentait en même temps une jolie bague.

«Jose Maria, s'écria la mariée, tant qu'il y aura un pain dans cette maison, la moitié vous appartiendra.»

Le voleur serra la main à tous les convives, celle même du notaire, embrassa toutes les femmes ; puis, sautant lestement en selle, il regagna ses montagnes. Alors seulement le notaire respira librement. Une demi-heure après arriva un détachement de miquelets[2] ; mais personne n'avait vu l'homme qu'ils cherchaient.

1. **Potence** : gibet où sont pendus les criminels.
2. **Miquelets** : partisans catalans, devenus plus tard troupe régulière de l'armée française.

Federico Garcia Lorca, *Noces de sang* (1932)

Federico Garcia Lorca (1898-1936) est sans doute l'un des plus grands poètes espagnols contemporains. Ses œuvres poétiques, son théâtre – profondément marqués par ses origines andalouses –, sont un mélange de grâce, d'onirisme[1] et d'humanité sublime.

Dans cet extrait de *Noces de sang*, la fiancée, dans le village andalou où elle a toujours vécu, termine les derniers préparatifs de son mariage – imminent et annoncé à l'acte I. Léonard, celui qu'elle n'a jamais cessé d'aimer à son corps défendant, qui a épousé sa cousine mais nourrit les mêmes sentiments à son égard, fait irruption et ravive en elle un puissant désir qui la jette dans une terrible perplexité... Cédant en définitive à cet appel irrésistible, elle s'enfuit au beau milieu de la noce, ouvrant la voie à l'inéluctable tragédie : les deux « prétendants » vont s'entretuer, au désespoir de la mère du fiancé.

LA SERVANTE

Qu'est-ce qui t'arrive ?...

LA FIANCÉE

Laisse...

LA SERVANTE

Ce n'est pas le moment de t'attrister. (*Avec entrain :*) Donne-moi l'oranger. (*La fiancée le jette à terre.*) Fille ! Quel malheur veux-tu t'attirer en jetant à terre ta couronne ? Lève ce front ! Serait-ce que tu ne veux pas te marier ? Dis-le. Il est encore temps de refuser.

Elle se lève.

LA FIANCÉE

Ce sont les nerfs... qui n'en a jamais ?

LA SERVANTE

Tu aimes ton fiancé ?

---

1. *Onirisme* : rêverie poétique.

LA FIANCÉE

Je l'aime.

LA SERVANTE

Oui, j'en suis sûre.

LA FIANCÉE

Mais c'est une grave décision.

LA SERVANTE

Il faut la prendre.

LA FIANCÉE

J'ai donné ma parole.

LA SERVANTE

Je vais placer ta couronne...

LA FIANCÉE, *elle s'assied*

Dépêche-toi. Ils doivent être tout près d'arriver.

LA SERVANTE

Ils sont certainement en route depuis deux heures.

LA FIANCÉE

Quelle distance d'ici à l'église ?

LA SERVANTE

Cinq lieues[1] par le fleuve, mais par la route il faut compter le double.

La fiancée se lève. La servante s'exalte à sa vue.

Lève-toi, la mariée,
Ta noce est arrivée !
Les fleuves de la terre
S'en vont te couronner !

---

1. *Lieues* : voir note 2, p. 42.

LA FIANCÉE, *souriante*

Allons !

LA SERVANTE, *elle l'embrasse,*
et dans son enthousiasme danse autour d'elle

Lève-toi, la mariée !
Prends un vert brin de laurier,
Lève-toi, la mariée !
Par les rameaux, par la feuillée,
Par le cœur du tronc des lauriers !

On entend des coups de heurtoir.

LA FIANCÉE

Ouvre ! Ce sont sans doute les premiers invités.

La fiancée sort. La servante ouvre la porte. Entre Léonard.

LA SERVANTE, *avec étonnement*

Toi ?

LÉONARD

C'est moi. Bonjour.

LA SERVANTE

Le premier !

LÉONARD

Ne suis-je pas invité ?

LA SERVANTE

Oui.

LÉONARD

Eh bien ! je suis venu.

LA SERVANTE

Et ta femme ?

LÉONARD

J'arrive à cheval. Elle, par la route.

LA SERVANTE

Tu n'as rencontré personne ?

LÉONARD

Mon cheval a dépassé tout le monde.

LA SERVANTE

Tu vas crever la bête, avec ces galops.

LÉONARD

On l'enterrera.

Silence.

LA SERVANTE

Assieds-toi. Personne n'est encore levé.

LÉONARD

Et la mariée ?

LA SERVANTE

Je vais l'habiller.

LÉONARD

La mariée ! Elle doit être contente.

LA SERVANTE, *pour changer de conversation*

Et le petit ?

LÉONARD

Lequel ?

LA SERVANTE

Ton fils.

LÉONARD, *se souvenant, et comme endormi*

Ah ! oui…

LA SERVANTE

Vous l'amenez ?

LÉONARD

Non.

Silence. On entend des chants au loin.

LES VOIX

Lève-toi, mariée.
Ta noce est arrivée !

LÉONARD

Lève-toi, mariée.
Ta noce est arrivée !

LA SERVANTE

Ce sont nos gens. Ils sont encore loin.

LÉONARD, *se levant*

La mariée portera une grosse couronne, n'est-ce pas ? Elle ne devrait pas. Une petite couronne lui irait mieux. Et le marié ? Lui a-t-il déjà offert l'oranger qu'elle doit mettre à son corsage ?

LA FIANCÉE, *elle apparaît encore*
en jupon et parée de la couronne d'oranger

Il me l'a donné.

LA SERVANTE

Ne sors pas avant d'être habillée.

LA FIANCÉE

Qu'est-ce que ça fait ? *(Gravement.)* Pourquoi demandes-tu si on a apporté mes fleurs d'oranger ? Quelle idée as-tu derrière la tête ?

LÉONARD

Aucune. Quelle idée veux-tu que j'aie ? *(Il s'approche.)* Toi qui me connais, tu sais que je n'en ai pas. Dis-le-moi. Qu'ai-je été pour toi ? Ouvre et rafraîchis tes souvenirs… Mais deux bœufs et une mauvaise masure[1], qu'est-ce que ça vaut ? Voilà qui te fait peur.

LA FIANCÉE

Que viens-tu faire ici ?

LÉONARD

Je viens à ta noce.

LA FIANCÉE

J'ai bien été à la tienne !

LÉONARD

Combinée par toi, faite de tes deux mains… Moi, on peut me tuer, mais pas me cracher dessus. Et l'argent, tout brillant qu'il est, peut être un crachat.

LA FIANCÉE

Menteur !

LÉONARD

J'aime mieux me taire ! Le sang me monte à la tête, et je ne veux pas que toues ces montagnes entendent mes cris.

LA FIANCÉE

Je crierai plus fort que toi !

LA SERVANTE

Taisez-vous, vous deux ! Tu ne dois pas parler du passé.

Elle regarde les portes avec inquiétude.

---

1. *Masure* : maison rudimentaire.

LA FIANCÉE

Elle a raison. Je ne devrais même pas t'adresser la parole. Mais mon âme s'échauffe quand tu viens me voir, épier mon mariage, et faire allusion à mon bouquet d'oranger… Sors d'ici, et attends ta femme à la porte.

LÉONARD

Alors, toi et moi, nous ne pouvons plus causer ?

LA SERVANTE, *avec rage*

Non. Vous ne pouvez plus causer.

LÉONARD

Après mon mariage, je me suis demandé pendant des jours et des nuits : à qui la faute ? Chaque fois que j'y pense, une nouvelle faute m'apparaît qui mange les autres. Mais toujours il y a faute !

LA FIANCÉE

Ils savent bien des choses, un homme et son cheval ! Il y a beau jeu à pousser à bout une femme seule dans un désert. Mais j'ai de l'orgueil. C'est pourquoi je me marie. Et je m'enfermerai avec mon mari que je dois aimer par-dessus tout.

LÉONARD

L'orgueil ne te servira à rien.

Il s'approche d'elle.

LA FIANCÉE

N'approche pas !

LÉONARD

Brûler et se taire sont la pire des damnations. À quoi l'orgueil m'a-t-il servi, à moi ? À quoi ça m'a servi de ne pas te regarder, de te laisser passer des nuits et des nuits sans sommeil ? À rien qu'à me faire brûler vif. Tu crois que le temps guérit, que les murs protègent : ça n'est pas vrai, ça n'est pas vrai. Quand les choses arrivent à nos centres, personne ne peut les arracher !

LA FIANCÉE

Je ne peux pas t'entendre ! Je ne peux pas entendre ta voix ! C'est comme si je buvais de la liqueur d'anis, et m'endormais sur un matelas de roses. Ta voix me tire, je sais que je vais me noyer, mais je la suis.

LA SERVANTE,
prenant Léonard par le revers de son veston

Pas immédiatement.

LÉONARD

C'est la dernière fois que je lui parle ! Ne crains rien.

LA FIANCÉE

Je sais que je suis folle : je sais que je pourris en dedans à force d'endurer. Et je reste ici, tranquille, à l'écouter, à le regarder remuer les bras...

LÉONARD

Je n'aurais pas eu la paix si je n'avais pas dit ces choses. Je me suis marié : marie-toi à ton tour.

LA SERVANTE, *à Léonard*

Elle se marie !

LES VOIX, *plus proches*

Lève-toi, la mariée !
Ta noce est arrivée !

LA FIANCÉE

Lève-toi, la mariée !
Elle sort en courant dans la direction de sa chambre.

LA SERVANTE, *à Léonard*

Voici nos gens. Toi, ne l'approche plus !

LÉONARD

N'aie crainte.

Il sort par la gauche. Le jour commence à poindre.

Première jeune fille, *entre*

Lève-toi, la mariée !
Ta noce est arrivée !
La ronde est commencée,
Chaque balcon s'est couronné !

Noces de sang, trad. Marcelle Auclair et Jean Prévost,
© Gallimard, 1947.

Davis Grubb, *La Nuit du chasseur* (1953)

La Nuit du chasseur (1953) est un roman de Davis Grubb (1919-1980), auteur natif de Virginie qui a aussi publié des nouvelles fantastiques ; il fut d'emblée plébiscité par les lecteurs américains.
Dans l'Amérique de la Grande Dépression[1], Willa, dont le mari a été condamné à mort pour avoir tenté de cambrioler une banque, se voit contrainte d'élever seule ses deux enfants. Survient un pasteur énigmatique qui réussit à la séduire puis à la convaincre de l'épouser en secondes noces.

Ses yeux s'agrandirent pour distinguer, au sein de la plus profonde obscurité, son visage estompé, ils devinrent brûlants et sa bouche se sécha en même temps que ses paroles la cinglaient.

« Je pense qu'il est temps que nous mettions une chose parfaitement au clair, Willa ! M'écoutes-tu ?

– Oui, gémit-elle.

– Le mariage pour moi représente l'union de deux esprits sous les yeux du Dieu tout-puissant ! Je crois qu'il est temps que je te le dise clairement, Willa ! »

Elle ferma les yeux, se haïssant elle-même à cause de sa honteuse impudicité[2], puis elle se sentit humiliée et elle pria pour qu'il s'arrê-

---

1. Grande Dépression : crise économique provoquée par le krach boursier de 1929.
2. Impudicité : manque de décence.

tât, mais elle sut qu'il venait seulement de commencer : il semblait avoir atteint le point culminant d'un sermon et soudain il bondit hors du lit et se dressa dans la lumière jaune que la fenêtre projetait dans la chambre à bon marché, ses bras minces nerveux remuant de façon saccadée dans les manches de sa chemise de nuit.

«En quoi valent-elles[1] mieux, dit-il, que la Prostituée de Babylone[2] ?»

Elle enfouit sa bouche dans l'oreiller dans l'épaisseur duquel elle étouffa un gémissement entre ses dents.

«Sors du lit, Willa !» ordonna-t-il, sans violence, mais il y avait encore une dangereuse pointe de colère dans sa voix tandis que d'une main il tirait étroitement le store jusqu'au rebord de la fenêtre.

Puis il fit les cent pas dans la chambre, ses pieds nus frottant sèchement le parquet, et d'un coup sec il éclaira. La lumière inonda la pièce de sa clarté jaune impitoyable et l'ampoule émit un léger crissement.

«Sors du lit, Willa !»

Elle obéit.

«Harry, que…

– Enlève ta chemise de nuit.

– Harry !

– Fais ce que je dis, Willa !»

Elle obéit, les mains faibles, tremblantes, et se tint finalement nue et rougissante devant lui.

«Maintenant va te regarder dans la glace, là-bas.

– Harry, s'il te plaît ! S'il te plaît, je…

– Fais ce que je dis !»

Elle se déplaça malgré elle, sentit les veines du parquet froid sous ses pieds et puis la peluche mince, usée du tapis près du bureau.

«Regarde ton corps dans la glace, Willa !»

---

1. Le pasteur, s'adressant à son double (sinon à Dieu…) dans une sorte de transe hallucinée, fait allusion aux femmes en général.
2. Allusion à la Bible. Dans l'Apocalypse, la ville de Babylone, livrée au vice et à la corruption, est représentée sous la forme d'une bête monstrueuse ou d'une gigantesque prostituée.

Elle contraignit ses yeux à quitter de lointaines distances pour regarder dans la glace sombre, rayée et tachée comme la surface de quelque marais interdit et empoisonné. Elle vit les seins, encore beaux, jeunes et fermes, et les épaules que Ben avait l'habitude d'embrasser quand elle mettait son costume de bain pour se rendre à la rivière.

«Que vois-tu, ma fille?

– Je...»

Elle put voir sa bouche commencer à se tordre et la vision devint confuse, car un flot de larmes brûlantes vint tout jaunir.

«Tu vois le corps d'une femme! cria-t-il. Le temple de la création et de la maternité! Tu vois la chair d'Ève que l'homme depuis Adam a profanée et souillée, a transformée en un vase de corruption et de luxure[1] destiné à sa propre pourriture!»

Il arpentait maintenant la chambre, mince et furieux, absurdement touchant dans sa chemise de nuit blanche.

«Fais-y attention, ma fille, je ne te considère pas comme pire que les autres. Mais ce corps! Ce corps!»

Il désigna ses reins frissonnants et le duvet sombre tremblant.

«Ce corps était destiné à engendrer des enfants! Il n'était pas destiné à cette volonté de luxure des hommes, tout disposés à prostituer! C'est immonde. Je dis que c'est immonde et le travail du Diable, ma fille! Comprends-tu cela?

– Oui! Oui!

– Veux-tu encore des enfants, Willa?

– Je... Non. Je...

– Non! Bien sûr tu n'en veux pas! C'est le but de notre mariage de s'occuper de ces deux-là que tu as déjà, de ne pas en engendrer plus! Et si ce n'est pas pour en engendrer d'autres, alors pourquoi devrions-nous nous souiller dans le sexe et la pourriture? N'est-ce pas parler raisonnablement, ma fille? N'est-ce pas ainsi que le veut le Seigneur?

---

1. *Vase* [...] *de luxure* : objet de plaisir sexuel, de débauche (lexique religieux).

– Oui.»

Il se mit à la regarder fixement encore quelque temps, la tête un peu penchée sur le côté, et cette curieuse absence passant encore dans ses yeux, la face un peu déformée comme s'il s'efforçait d'entendre, d'écouter un faible, un lointain conseil envoyé du Ciel.

«Tu peux revêtir maintenant ta chemise de nuit et cesser de frissonner», dit-il.

Elle sentit la chemise passer par-dessus sa chevelure et ses épaules, et elle se glissa de nouveau dans les draps, avec la nausée et vidée de tout sentiment cependant qu'il éteignait la lumière et relevait le store. Il se tint un moment au bord du vieux lit en cuivre et les éclats de la rue effleuraient son profil de chair et sa pommette d'un mince fil d'or.

La Nuit du chasseur, trad. Guy Le Clech,
© Bourgois, 1981.

1. Dans ces quatre extraits, étudiez la figure du double (ou du marié) monstrueux : quels en sont à chaque fois les contours ?

2. Étudiez la forme que prend le cérémonial nuptial dans chacun des cas : quelles en sont les constantes ? les variantes ? Comment est-il détourné insensiblement de sa fonction originelle ?

Statue animée, statue infernale (groupement de textes n° 2)

Le thème de la statue animée – central dans *La Vénus d'Ille* – traverse toute la période romantique (on en donnera ici deux exemples) et constitue un des *leitmotive* de la littérature fantastique. Néanmoins, il ne s'agit pas d'une invention du XIXᵉ siècle puisqu'on le retrouve dans de vieilles légendes – celle du Commandeur, du Convive de pierre, issue d'une pièce de Tirso de Molina datant de 1630 et dont s'inspire Molière dans son *Dom Juan* ; celle, plus ancienne, du Golem (littéralement « matière informe » en hébreu), créature d'argile à laquelle un rabbin de Prague du XVIᵉ siècle insuffle la vie (mais non la parole) au moyen d'incantations, pour prévenir sa communauté des persécutions dont elle est victime.

Au XIXᵉ siècle, le thème de la statue animée – virtuellement infernale, c'est-à-dire œuvre du diable qui, comme Dieu, cherche à donner la vie – rejoint celui de l'œuvre d'art échappant à son créateur, se retournant d'une certaine manière contre lui (*Le Portrait* de Gogol, *Le Portrait ovale* de Poe, *Frankenstein* de Mary Shelley...) et l'orientalisme[1] (*Salammbô* de Flaubert, *Carmen* de Mérimée, *La Fille aux yeux d'or* de Balzac ; plus tard *Aziyadé* de Pierre Loti...).

Toute la puissance fantastique réside dans la capacité du narrateur à rendre crédible, concevable, possible, l'animation subite de la créature figée, jusque-là pétrifiée, minérale, plongée dans l'immobilité du roc, des corps inorganiques sinon de la mort.

Hoffmann, *Les Mines de Falun* (1818)

La jeune existence d'Elis Fröbom est endeuillée de drames successifs : il a perdu ses deux frères soldats, ainsi que son père dans un naufrage dont il a réchappé ; sa profession de marin pour la Compagnie des Indes orientales lui permet d'entretenir sa pauvre mère.

De retour en Suède, ses compagnons s'adonnent à une orgie tumultueuse ; Fröbom n'a aucune envie d'y prendre part : il vient d'apprendre la mort de sa mère durant son absence... Un vieux mineur mystérieux, singulièrement attentif à sa détresse, cherche à le détourner de son destin aventureux et lui vante avec emportement la grandeur du métier de mineur.

---

1. *Orientalisme* : courant littéraire et artistique occidental du XIXᵉ siècle qui marque l'intérêt de cette époque pour les cultures du Maghreb, turque et arabe, ainsi que pour les origines hébraïques, mésopotamiennes, indo-européennes de l'Occident.

Une fois que la fête a battu son plein, Elis prend une chambre à l'hôtellerie ; il fait alors un rêve troublant et prémonitoire.

À peine s'était-il étendu sur sa couche, recru[1] de fatigue comme il l'était, que le rêve agita sur lui ses ailes. Il voguait à toutes voiles, à bord d'un beau navire, sur une mer brillante comme un miroir, sous la voûte d'un sombre ciel de nuages. Mais, en plongeant son regard vers les vagues, il reconnut bientôt que ce qu'il avait pris pour la mer était une masse étincelante, solide et transparente, dans le miroitement de laquelle le navire tout entier vint merveilleusement se dissoudre, de sorte qu'Elis se trouva finalement sur le sol de cristal et aperçut au-dessus de lui une voûte de roches aux reflets noirs. Car, ce qu'il avait pris d'abord pour un ciel de nuages, c'étaient des roches. Poussé par une puissance inconnue, il avança, mais au même instant tout s'agita autour de lui, et, comme dans un déferlement de vagues, il s'éleva du sol des plantes et des fleurs merveilleuses et d'un métal éblouissant, et leurs fleurs et leurs feuilles montaient en festons[2] des profondeurs de l'abîme et s'enlaçaient gracieusement. Le sol était si limpide qu'Elis pouvait reconnaître distinctement les racines des plantes, mais bientôt, faisant pénétrer de plus en plus profondément son regard, il aperçut, tout au fond... d'innombrables et charmantes silhouettes virginales[3] qui se tenaient enlacées de leurs bras blancs et brillants ; et dans leurs cœurs germaient ces racines, ces fleurs et ces plantes ; et quand les vierges souriaient, une douce harmonie traversait la voûte immense, et les fleurs métalliques merveilleuses s'élançaient plus hautes et plus joyeuses. Un indescriptible sentiment de douleur et de volupté s'empara du jeune homme, un monde d'amour, de nostalgie, de brûlant désir, s'ouvrit au fond de son âme. « Ah ! plonger... plonger jusqu'à vous !... » s'écria-t-il en se précipitant, les bras étendus, sur le sol de cristal. Mais celui-ci céda

---

1. *Recru* : harassé, épuisé.
2. *Festons* : guirlandes.
3. *Virginales* : de pures jeunes filles.

sous lui, et il plana comme au milieu d'un éther[1] miroitant. «Eh bien! Elis Fröbom, te plais-tu parmi ces splendeurs?» cria une voix puissante. Elis aperçut à côté de lui le vieux mineur, mais à force de le regarder, il le vit se changer en un colosse d'airain[2] embrasé. L'épouvante allait le saisir, quand au même moment s'éleva du fond de l'abîme comme la lueur d'un brusque éclair, et le visage austère d'une femme géante se fit apercevoir. Elis sentit que le ravissement de son cœur, grandissant et grandissant sans cesse, se changeait en une angoisse qui le broyait. Le vieillard l'avait entouré de ses bras et lui cria : «Prends garde, Elis Fröbom! c'est la Reine; tu peux encore lever les yeux là-haut...»

Involontairement il tourna la tête et s'aperçut que les étoiles du ciel nocturne brillaient à travers une fente de la voûte. Une douce voix cria son nom, comme dans une inconsolable douleur. C'était la voix de sa mère. Il crut voir sa silhouette là-haut, près de la fente. Mais c'était une charmante jeune femme, qui lui tendait la main bien bas, sous la voûte, et l'appelait par son nom. «Porte-moi là-haut! cria-t-il au vieillard, j'appartiens, après tout, au monde d'en haut et à son doux firmament[3]. – Prends garde, dit le vieux d'une voix sourde, prends garde, Fröbom!... Sois fidèle à la Reine, à laquelle tu t'es donné.» Mais quand le jeune homme baissa de nouveau les yeux vers le visage figé de la géante, il sentit que son moi se dissolvait dans les roches étincelantes. Dans une angoisse indicible[4] il poussa un cri suraigu, et s'éveilla du rêve merveilleux dont les délices et les épouvantes résonnaient au fond même de son être.

Les Mines de Falun, trad. Geneviève Branquis et Paul Sucher,
GF-Flammarion, «Étonnants Classiques», 1997.

1. Étudiez le champ lexical de la minéralité; montrez que la Reine se confond avec ce royaume des pierres et des métaux.

---

1. Éther : espace céleste.
2. Airain : bronze.
3. Firmament : voûte céleste.
4. Indicible : inexprimable.

2. L'ambiguïté et la dynamique du rêve : étudiez la bipolarité[1] de cet imaginaire, ou de cet espace cauchemardesque.

3. Lisez la nouvelle dans son intégralité et retrouvez dans la partie finale le passage où le narrateur fait explicitement mention du pouvoir pétrifiant dont est investi, en l'occurrence, l'être féminin.

Gautier, *Le Pied de momie* (1840)

Chez un «marchand de bric-à-brac», le narrateur fait l'acquisition d'un «pied charmant [qu'il prend] d'abord pour un fragment de Vénus antique» et qui est paré de «ces belles teintes fauves et rousses qui donnent au bronze florentin cet aspect chaud et vivace, si préférable au ton vert-de-grisé des bronzes ordinaires qu'on prendrait volontiers pour des statues en putréfaction». Cet «airain[2] de Corinthe» présumé se trouve être le pied d'une momie, d'une princesse fille de Pharaon. C'est au cours d'un rêve nocturne fait par le narrateur que la créature prend corps et vie...

Heureusement la rencontre de quelques amis vint me distraire de mon engouement de récent acquéreur ; je m'en allai dîner avec eux, car il m'eût été difficile de dîner avec moi.

Quand je revins le soir, le cerveau marbré de quelques veines de gris de perle[3], une vague bouffée de parfum oriental me chatouilla délicatement l'appareil olfactif ; la chaleur de la chambre avait attiédi le natrum, le bitume et la myrrhe[4] dans lesquels les paraschites[5]

---

1. *Bipolarité* : fait d'être constitué de deux pôles opposés et complémentaires à la fois.
2. *Airain* : voir note 4, p. 132.
3. *Le cerveau marbré de quelques veines de gris de perle* : allusion à l'ivresse procurée par le vin gris bu au dîner et référence au «gris perlé», marbre bien particulier des Pyrénées.
4. *Natrum, bitume, myrrhe* : substances utilisées par les Égyptiens pour conserver les momies.
5. *Paraschites* : prêtres chargés de l'embaumement des momies.

inciseurs de cadavres avaient baigné le corps de la princesse ; c'était un parfum doux quoique pénétrant, un parfum que quatre mille ans n'avaient pu faire évaporer.

Le rêve de l'Égypte était l'éternité : ses odeurs ont la solidité du granit, et durent autant.

Je bus bientôt à pleines gorgées dans la coupe noire du sommeil ; pendant une heure ou deux tout resta opaque, l'oubli et le néant m'inondaient de leurs vagues sombres.

Cependant mon obscurité intellectuelle s'éclaira, les songes commencèrent à m'effleurer de leur vol silencieux.

Les yeux de mon âme s'ouvrirent, et je vis ma chambre telle qu'elle était effectivement : j'aurais pu me croire éveillé, mais une vague perception me disait que je dormais et qu'il allait se passer quelque chose de bizarre.

L'odeur de la myrrhe avait augmenté d'intensité, et je sentais un léger mal de tête que j'attribuais fort raisonnablement à quelques verres de vin de Champagne que nous avions bus aux dieux inconnus et à nos succès futurs.

Je regardais dans ma chambre avec un sentiment d'attente que rien ne justifiait ; les meubles étaient parfaitement en place, la lampe brûlait sur la console, doucement estampée par la blancheur laiteuse de son globe de cristal dépoli ; les aquarelles miroitaient sous leur verre de Bohême ; les rideaux pendaient languissamment : tout avait l'air endormi et tranquille.

Cependant, au bout de quelques instants, cet intérieur si calme parut se troubler, les boiseries craquaient furtivement ; la bûche enfouie sous la cendre lançait tout à coup un jet de gaz bleu, et les disques des patères[1] semblaient des yeux de métal attentifs comme moi aux choses qui allaient se passer.

Ma vue se porta par hasard vers la table sur laquelle j'avais posé le pied de la princesse Hermonthis.

Au lieu d'être immobile comme il convient à un pied embaumé depuis quatre mille ans, il s'agitait, se contractait et sautillait sur les

---

1. **Patères** : disques ornés insérés dans les ouvrages de serrurerie, ou supports fixés au mur pour soutenir des rideaux.

papiers comme une grenouille effarée : on l'aurait cru en contact avec une pile voltaïque ; j'entendais fort distinctement le bruit sec que produisait son petit talon, dur comme un sabot de gazelle.

J'étais assez mécontent de mon acquisition, aimant les serre-papiers sédentaires et trouvant peu naturel de voir les pieds se promener sans jambes, et je commençais à éprouver quelque chose qui ressemblait fort à de la frayeur.

Tout à coup je vis remuer le pli d'un de mes rideaux, et j'entendis un piétinement comme d'une personne qui sauterait à cloche-pied. Je dois avouer que j'eus chaud et froid alternativement ; que je sentis un vent inconnu me souffler dans le dos, et que mes cheveux firent sauter, en se redressant, ma coiffure de nuit à deux ou trois pas.

Les rideaux s'entrouvrirent, et je vis s'avancer la figure la plus étrange qu'on puisse imaginer.

C'était une jeune fille, café au lait très foncé, comme la bayadère[1] Amani, d'une beauté parfaite et rappelant le type égyptien le plus pur ; elle avait des yeux taillés en amande avec des coins relevés et des sourcils tellement noirs qu'ils paraissaient bleus, son nez était d'une coupe délicate, presque grecque pour la finesse, et l'on aurait pu la prendre pour une statue de bronze de Corinthe, si la proéminence des pommettes et l'épanouissement un peu africain de la bouche n'eussent fait reconnaître, à n'en pas douter, la race hiéroglyphique des bords du Nil.

Ses bras minces et tournés en fuseau, comme ceux des très jeunes filles, étaient cerclés d'espèces d'emprises de métal et de tours de verroterie[2] ; ses cheveux étaient nattés en cordelettes, et sur sa poitrine pendait une idole en pâte verte que son fouet à sept branches faisait reconnaître pour l'Isis[3], conductrice des âmes ; une plaque d'or scintillait à son front, et quelques traces de fard perçaient sous les teintes de cuivre de ses joues.

Quant à son costume il était très étrange.

---

1. *Bayadère* : danseuse de l'Inde.
2. *Verroterie* : bijoux de verre coloré et travaillé.
3. *Isis* : divinité égyptienne (femme d'Osiris et mère du dieu Soleil) dont le culte se répandit dans le monde gréco-romain. Déesse de la magie et souvent associée à certaines pratiques occultes.

Figurez-vous un pagne de bandelettes chamarrées d'hiéroglyphes noirs et rouges, empesés de bitume et qui semblaient appartenir à une momie fraîchement démaillottée.

1. Relevez les passages humoristiques de ce texte. Quelle est selon vous leur raison d'être ?

2. À quoi reconnaît-on chez l'Égyptienne les traits d'une ensorceleuse, pour ne pas dire d'une sorcière ?

3. « Cerclés d'espèces d'emprises de métal » : quel rapport peut-on établir avec la nouvelle de Mérimée ?

Shakespeare, *Un conte d'hiver* (v. 1623)

Léonte, roi de Sicile, est pris soudainement d'une véritable crise de paranoïa : il est farouchement convaincu, sur la foi de vagues soupçons infondés, que sa femme Hermione le trompe avec Polixène, son ami d'enfance, qu'il projette de faire assassiner. Hermione est emprisonnée et met au monde une petite fille qu'il lui faudra abandonner. La folie a raison de Léonte jusqu'à ce qu'un oracle[1] d'Apollon le ramène à la raison, mais elle aura entraîné la mort de son fils et, consécutivement, celle d'Hermione elle-même. Léonte est pris d'un repentir extrême, à la mesure de la jalousie qui l'a submergé. Paulina, veuve depuis peu et qui n'a cessé de défendre la mémoire d'Hermione, a la garde d'une statue de cette dernière, plus vraie que nature, qui a demandé plusieurs années de travail.

Léonte, dans cette dernière scène de la pièce, croit revoir sa femme ; il a accordé la main de sa fille Perdita (entre-temps retrouvée) au fils de Polixène ; Perdita s'incline devant ce monument ; Camillo, seigneur sicilien à qui l'on confie la destinée de Paulina, est gagné par l'émotion, car la statue parle : Hermione est ressuscitée, Hermione n'était pas morte.

---

1. *Oracle* : prédiction, prophétie.

Acte V, scène 3

La maison de Paulina.
Léonte, Polixène, Florizel, Perdita, Camillo
et Paulina, des seigneurs, etc.

Léonte

Ô ma sérieuse et bonne Paulina,
Quel grand réconfort tu m'auras donné !

Paulina

Lorsque j'ai mal agi, mon suzerain[1],
Mon intention était bonne ; tous mes services,
Vous les avez largement payés ; mais qu'aujourd'hui,
Avec le roi votre frère et ces fiancés,
Les héritiers de vos deux royaumes,
Vous daigniez visiter ma pauvre maison,
C'est un surcroît de faveur que ma vie
Ne durera jamais assez pour reconnaître.

Léonte

Ô Paulina,
Ce bonheur n'est pour vous qu'un dérangement.
Mais nous sommes venus pour la statue
De notre reine ; et traversant votre galerie,
Non sans prendre plaisir à tant de merveilles,
Nous n'avons pas trouvé ce que ma fille désire voir,
La statue de sa mère.

Paulina

De même que vivante elle fut sans égale,
De même son image morte, j'en suis bien sûre,
Passe tous ces objets que vous avez vus

---

1. *Suzerain* : seigneur auquel sont subordonnés des vassaux au Moyen Âge.

Et tout ce qu'a produit le travail humain.
Et c'est pourquoi je la garde seule, en un lieu à part.
Mais c'est ici. Disposez-vous à voir
La vie moquée[1] avec autant de vie
Qu'en trouve pour moquer la mort le plus doux sommeil.
Voyez, et dites-le...

Elle tire le rideau.

J'aime votre silence.
Il n'atteste[2] que mieux votre surprise. Parlez, pourtant,
Et vous d'abord, monseigneur. N'est ce pas un peu ressemblant ?

LÉONTE

Sa pose naturelle !
Accuse-moi, pierre chérie, que je puisse dire
Que tu es tout à fait Hermione. Mais bien plus
Es-tu Hermione en ne m'accusant pas ! Car elle fut
Douce comme l'enfance et comme la grâce... Paulina,
Dis-moi pourtant : elle n'avait pas ces rides,
Elle n'avait pas l'âge que ce portrait semble dire.

POLIXÈNE

Oh non ! à beaucoup près.

PAULINA

Le génie du sculpteur n'en est que plus grand
Qui de seize ans l'a vieillie, pour nous la montrer
Comme si elle était encore vivante.

LÉONTE.

Comme elle aurait pu l'être, en ce moment,
Et pour mon réconfort, autant que ce portrait
Me bouleverse l'âme ! Oh, elle se tenait ainsi,
Exactement avec cette vie dans la majesté, chaleureuse
Autant que maintenant elle est froide, le jour

---

1. Moquée : ici, imitée.
2. N'atteste : ne prouve.

Où je l'ai demandée en mariage. J'ai honte,
N'est-ce pas que la pierre me reproche
D'avoir été pierre plus qu'elle-même ? Œuvre royale !
Il y a dans ta majesté une magie
Qui renflamme[1] mes torts dans ma mémoire
Et ravit les esprits de ta fille qui, stupéfaite,
Est pétrifiée devant toi.

PERDITA

Permettez-moi,
Et sans taxer cela de[2] superstition
De me mettre à genoux et de la supplier de me bénir...
Madame,
Chère reine qui êtes morte quand je commençais à peine de vivre,
Donnez-moi votre main à embrasser.

PAULINA

Oh, patience,
La statue vient à peine d'être fixée
Et sa couleur n'est pas sèche.
[...]

LÉONTE

Ne tire pas le rideau.

PAULINA

Il ne faut plus que vous la regardiez, votre rêverie
Croirait bientôt qu'elle bouge.

LÉONTE

Laissez, laissez !
Que je meure pourtant si déjà je ne pense...
Qui est-il, qui a pu cela ?... Voyez-vous, monseigneur ?
Ne jureriez vous pas qu'elle respire ? Que ces veines,
Portent vraiment du sang ?

---

1. **Renflamme** : ravive.
2. **Taxer** [...] **de** : dénoncer comme.

C'est magistral.
Je crois voir la chaleur de la vie sur ses lèvres.

LÉONTE

Dans son œil immobile un mouvement,
Comme si l'art se moquait de nous.

PAULINA

Je tire le rideau.
Monseigneur est si transporté
Qu'il va croire bientôt qu'elle est vivante.

LÉONTE

Ô douce Paulina,
Fais-moi penser cela vingt ans de suite !
Toutes les mieux fondées des raisons du monde
N'égaleront la joie de cette folie.
N'y touche pas.

PAULINA

Je suis fâchée, monseigneur, de vous avoir tant ému,
Et je ne veux pas vous affliger encore.

LÉONTE

Oh, fais-le, Paulina,
Car cette affliction[1]-là m'est aussi douce
Que le plus chaleureux des réconforts... Il me semble, à nouveau,
Qu'un souffle s'en échappe. Et quel ciseau
A jamais su pourtant sculpter le souffle ?
Ne riez pas de moi. Je veux l'embrasser.

PAULINA

Refrénez-vous seigneur !
Le rouge est tout humide encore sur ses lèvres,

---

1. *Affliction* : peine, chagrin.

Vous le gâterez, l'embrassant, vous vous tâcherez
De l'huile de la peinture... Vais-je tirer le rideau ?

LÉONTE

Non ! Pas avant vingt ans.

PERDITA

Je pourrais rester là.
Un même temps à la regarder.

PAULINA

Modérez-vous, l'un et l'autre
Et quittez vite la chapelle, ou préparez-vous
À de nouvelles surprises. Si vous avez la force de regarder
Je ferai que la statue bouge, réellement,
Et descende, et vous prenne par la main.
Mais vous allez penser (bien que je proteste)
Que je suis assistée des puissances malignes[1].

LÉONTE

Tout ce que vous pourrez lui faire accomplir,
C'est mon bonheur de le voir ; lui faire dire,
C'est mon bonheur de l'entendre ; car c'est aussi facile
De lui prêter la voix que le mouvement ?

PAULINA

Mais il faudra
Que vous fassiez appel à toute votre foi. Et, tous,
Que vous restiez immobiles ; ceux qui pensent
Que je fais œuvre impie[2], qu'ils se retirent.

LÉONTE

Faites.
Nul pied ne bougera.

---

1. **Puissances malignes** : forces du mal.
2. **Œuvre impie** : ici, sacrilège.

PAULINA

Musique, éveille-là! Jouez!

Musique.

C'est l'heure, descendez. Cessez d'être pierre, approchez,
Frappez d'étonnement tous ceux qui vous regardent, venez,
Je vais combler votre tombe ; oh, venez, revenez,
Léguez votre torpeur à la mort ; de la mort
La précieuse vie vous délivre! Elle bouge, vous le voyez.

Hermione descend du piédestal.

Ne bronchez pas! Ses actions seront aussi saintes
Que mes appels sont licites. Et ne la fuyez pas
Avant de la revoir mourir. Car, si vous le faisiez,
Vous l'auriez tuée deux fois. Donnez-lui votre main.
Vous l'aviez courtisée quand elle était jeune. Plus vieille,
Doit-elle devenir le soupirant[1]?

Hermione embrasse Léonte.

LÉONTE

La chaleur de la vie!
Si c'est de la magie, qu'être magicien
Soit aussi légitime que se nourrir.

POLIXÈNE

Elle l'embrasse!

CAMILLO

Elle se pend à son cou!
Si elle a vie, qu'elle parle!

POLIXÈNE

Oui, pour nous expliquer où elle a vécu
Ou comment elle a fui le monde des morts.

PAULINA

Si l'on vous avait dit, seulement dit,
Qu'elle est en vie, vous vous seriez moqué

---

1. *Le soupirant* : celui qui fait la cour (lexique amoureux).

Comme un récit d'un vieux conte.
Mais il est évident qu'elle vit, bien qu'encore
Elle ne parle pas. Patientez un peu, et veuillez,
Belle princesse, intervenir : à deux genoux
Implorant la bénédiction de votre mère… Ma chère dame,
Tournez-vous. Notre Perdita est retrouvée.

HERMIONE

Abaissez vos regards, ô dieux, et de vos urnes
Sacrées, versez vos grâces sur la tête
De ma petite fille. Ô mon enfant, dis-moi,
Où as-tu été recueillie, où as-tu vécu, et comment
Trouvas-tu le chemin de la cour de ton père ?
Pour moi, sache qu'ayant appris, de Paulina,
Que l'oracle[1] donnait l'espoir que tu vivrais,
Je me suis conservée pour le voir un jour s'accomplir.

PAULINA

Il y aura un temps pour tout cela.
Je crains qu'en ce moment extrême, ces récits
Ne troublent votre joie. Allez ensemble,
Vous tous, ô chers vainqueurs. Et votre ivresse,
Faites-la partager à tous. Moi, vieille tourterelle,
Je vais gagner quelque branche flétrie,
Et là pleurer mon compagnon, irretrouvable,
Jusqu'à périr, à mon tour. […]

Un conte d'hiver, trad. Yves Bonnefoy,
© Mercure de France, 1994.

1. En quoi réside la dimension *fantastique* de cette scène ?

2. Qu'est-ce qui distingue cette scène du dénouement de *La Vénus d'Ille*. En quoi les statues diffèrent-elles au plan symbolique ?

3. Le discours allégorique (c'est-à-dire indirect) sur la puissance de l'*œuvre d'art* en général (et de l'œuvre théâtrale en particulier) : que nous dit ici Shakespeare à ce propos ?

---

1. *Oracle* : voir note 1, p. 136.

Quatre représentations de Vénus

1. Faites quelques recherches sur Vénus. Dans les tableaux de Cranach l'Ancien (p. 40) et de Titien (p. 55) : quels traits de la légende de Vénus ont été représentés ? Quels sont les rapports possibles avec la statue de *La Vénus d'Ille* ?

2. Dans le tableau de Magritte (p. 38), quel signe particulier évoque Vénus ? Quel rapport peut-on établir avec la nouvelle de Mérimée ?

3. La Vierge noire (p. 80) : qu'est-ce qui rappelle la Vénus de la nouvelle de Mérimée ? Qu'est-ce qui l'en distingue radicalement ?

4. L'*érotisme* de ces représentations : comment définir cette notion ? Où transparaît-il le plus évidemment ? Comment se traduit-il ? Que pouvez-vous dire de la figure de la Mère représentée par Vénus dans tous les cas ?

Les classiques et les contemporains
dans la même collection

Les anthologies dans la même collection

Imprimé à Barcelone par:

Création maquette intérieure :
Sarbacane Design.

N° d'édition : L.01EHRN000393.C002
Dépôt légal : octobre 2013
Imprimé en Espagne par CPI (Barcelone)